David K. Stotlar 著
邱炳坤、李建興、王瓊霞 合譯

DEVELOPING SUCCESSFUL
SPORT SPONSORSHIP PLANS (3E)

運動贊助

作者序

　　這本實用的工具書可當作運動行銷原理第三版的實務手冊（Pitts & Stotlar, 2007）。這是個人在學術界的經驗和身為運動贊助實務工作的總成，可提供行銷人員最佳的指引。雖然運動贊助理論在運動行銷原理中有更詳盡的說明，但本書提供了理論的整體概念，利用實例說明運動組織的運作狀況。當然在某些情況下，基於保護的目的而將運動組織的名字稍作更改。本書的特點是，除了第四章以外，每個章節都有練習題可供讀者實作，以便讀者完成有品質的贊助計畫。

　　本書的意向十分簡單，那就是提供一本實務手冊，以協助讀者建立一個定義明確、能夠被產業界認可的贊助計畫。因此，透過本書的練習題實作過程，讓讀者能建立一個合宜、成功的計畫，並且順利獲得贊助。

David Stotlar

作者簡介

　　David K. Stotlar 教授現任教於美國北科羅拉多大學運動管理研究所，主要研究領域為運動行銷及運動贊助。迄今發表於國際著名的學術期刊論文約六十餘篇，並著有數本運動管理及運動行銷教科書，也撰寫數章節於其他教科書中。另外，也在許多的國際學術研討會中發表其著作。同時，Stotlar 教授也受聘於許多企業，及國際運動經理人組織之運動管理、運動行銷及運動贊助之顧問。他被美國奧會選為雅典國際奧林匹克學院（International Olympic Academy）代表，及義大利世界大學運動會（World University Games）代表，並獲選為 2002 年冬季奧運媒體中心主任。他也曾為許多運動組織舉辦國際性的運動管理與行銷研討會，其中包括：香港奧委會、馬來西亞體育總會、模里西斯體育總會、辛巴威體育總會、新加坡體育總會、中華台北體育運動總會、巴林運動學院、沙烏地阿拉伯政府、南非國際運動總會及南非運動科學院等。Stotlar 教授在學術上的重要專業貢獻，包括 1999 至 2001 年擔任北美運動管理學會之運動管理學系審查委員，美洲健康體適能教育與休閒及舞蹈聯盟之場館及設備主席，以及北美運動管理學會主席。他也是北美運動管理學會創始會員及研究員，其同時也是運動行銷協會的創始會員。

ontents

contents

ontents

contents

第一章
了解運動行銷

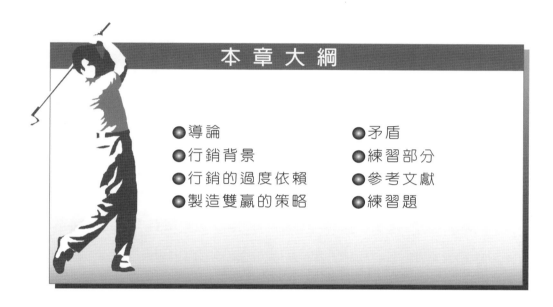

本 章 大 綱

- 導論
- 行銷背景
- 行銷的過度依賴
- 製造雙贏的策略
- 矛盾
- 練習部分
- 參考文獻
- 練習題

 導論

　　以本質而言，「贊助」是建立在運動團體與公司企業的一種雙方交換過程基礎上（Copeland, Frisby, & McCarville, 1996; McCarville & Copeland, 1994），在交換過程中，雙方可以同時提供與取得利益，因此這種雙方共生的關係將會被建立。在愛迪達（Adidas）對於紐西蘭國家橄欖球隊（All Blacks）贊助一案中，Morion、Leitch 和 Brodie（2003, p. 1083）提出：「在贊助的活動過程中，贊助與生俱來的價值會漸漸轉移至贊助商，因此贊助者與被贊助者的活動，會衍生為一種雙方共生的關係。」在美國與其他國家的運動組織，為了取得足夠的資金營運，他們積極地向贊助商行銷自我。Seaver 對於美國最頂尖的 50 個贊助商的研究指出，10% 的贊助公司，每年

收到超過 1,300 份的運動贊助企劃書（Seaver, 2004）。2008 年的北美贊助
總費用達到 167.8 億美元，比 2007 年多出 12.6%。造成此狀況，最主要是
一些公司每年贊助費用超過 1 億美元（IEG, 2007）。

- ⚽ 3.30～3.35 億美元 → 百威英博釀酒公司（Anheuser-Busch）
- ⚽ 3.05～3.10 億美元 → 百事公司（Pepsi）
- ⚽ 2.30～2.35 億美元 → 通用汽車（General Motors）
- ⚽ 2.25～2.30 億美元 → 可口可樂（Coca-Cola）
- ⚽ 2.25～2.30 億美元 → 耐吉（Nike）
- ⚽ 1.75～1.80 億美元 → 美樂啤酒（Miller）
- ⚽ 1.50～1.55 億美元 → 戴姆克萊斯勒（Daimler-Chrysler）
- ⚽ 1.40～1.45 億美元 → 福特汽車（Ford）
- ⚽ 1.15～1.20 億美元 → 麥當勞（McDonalds）
- ⚽ 1.10～1.15 億美元 → 萬事達卡（Master Card）

被贊助的最主要經濟領域如下（IEG, 2007）：

- ⚽ 運動──69%
- ⚽ 娛樂及旅遊──10%
- ⚽ 公益行銷──9%
- ⚽ 藝術──5%
- ⚽ 嘉年華／博覽會──4%
- ⚽ 協會及會員組織──3%

對於贊助費用的增長，當然不侷限於北美洲。在 2007 年，國際企業
的贊助費用也有漸漸增加的趨勢。關於各洲的贊助費用，歐洲公司高達
117 億美元。一個非常顯著的案例，是英國世界知名的曼聯足球隊與美國
國際集團（AIG），簽訂四年 9,930 萬或每年 2,480 萬美元的服裝贊助合
約。美國國際集團也成功地與沃達豐集團（Vodafone Group）接手的團隊，

簽訂 1,600 萬美元的資助合約。這個合約遠比其對手三星電子與車路士（Chelsea）足球隊的 8,800 萬美元來得更有價值（IEG, 2007）。

太平洋沿岸國家 95 億美元，中南美洲 35 億美元，其他地區 2 億美元。在 2008 年，全世界的運動贊助費用總計為 435 億美元。這個數字顯示，與 2007 年的年收入比較，增加 14.8%。顯然地，對於正在成長中的各國公司，贊助是代表一個增加收入的機會（IEG, 2007）。

對於運動行政人員與運動經理，了解這種行銷因子的使用方法需求正不斷地成長。贊助被定義為「以付給法人（特別是運動、藝術、娛樂、事業）現金或代替性的費用，去獲得可開發的商業潛力的一種途徑。」（Ukman, 2004a, p. 154）

對於運動行銷領域是否飽和，或是此領域在未來幾年是否可以持續地成長的顧慮依舊存在。當其他運動領域漸漸淡出運動贊助的活動，許多運動領域（如職業足球、籃球、網球與高爾夫等），依舊頻繁地從事運動贊助的活動。從高中至大學運動，甚至職業運動聯盟，每個領域似乎都想參與運動贊助。2003 年，洛杉磯統一學區（Los Angeles Unified School District）為了吸引潛在性的贊助商，甚至舉辦了座談會。因為贊助的潛力實在太大，同年，德州卡羅獨立學區（Carroll Independent School District in Texas）僱用全職的贊助主管去負責此業務。聖安東尼奧（San Antonio）傾向僱用代理商，與學校一起努力保留住 35% 的年收入（"A Tale of Two Districts", 2003）；在美國德州和北卡羅萊納州的高中，採用職業運動所常用的方法——體育館的命名權，以增加他們的收入。在達拉斯福和市（Dallas-Fort Worth）機場附近的高中，向 Dr. Pepper（飲料公司）出售 400 萬美元的權利，將他們的品牌標誌放在體育館的屋頂上，這樣飛機乘客就可以看見他們的品牌標誌（Popke, 2002）。其他如西北獨立學區，在 2006 年豎起一面有 16 個贊助商的成績看板，並募集了 100 萬美元。在大學運動員聯盟一級學校（NCAA Division I）有 10% 的收入主要來自於贊助，平均的贊助金額大約為 113 萬美元（Tomasini & Sotlar, 2003）。

職業運動聯盟的贊助金收入持續地增加，對於聯盟的贊助合約控制，一直都是各球隊所有權人會議的主題。部分的球隊擁有人想保有自己球隊的行銷權利，但是其他的球隊擁有人卻傾向支持全聯盟的贊助合約，特別是一些

擁有小市場的城市，因為這種全聯盟的贊助合約，會將所獲得的贊助金平均地發給聯盟的各球隊。

　　為了減少過多的體育館室內招牌，許多職業運動隊伍，例如水牛城比爾隊及波特蘭刀鋒隊（Buffalo Bills, Portland Trail Blazers）開始區分他們體育館可放置招牌的位置。這種概念，包含著贊助區的發展。每一個贊助商擁有自己的贊助區，旗幟的擺設從停車場電線桿、入口、比賽場地，與體育館內得分板上的招牌（"Buffalo Bills look", 1996）。

　　公園與休閒產業領域也參與運動贊助的活動。除了傳統贊助商對於小聯盟隊伍與棒球場場外招牌的贊助外，部分公園與休閒產業領域的經理正開發新的領域。紐約市簽訂了一份贊助合約，命直排輪公司（Rollerblades）為紐約市官方的直排輪溜冰鞋品牌。透過此合約，直排輪公司提供免費的溜冰鞋給各紐約市公園的維護安全人員，並提供免費的溜冰以及在紐約市公園設立直排輪修護站。直排輪公司同時獲得授權，可以將他們的標誌放在中央公園安全巡邏車的側邊（A. R. C., 1998）。

　　相較於傳統廣告，運動可以在較單純的環境下，傳達贊助商所要傳達的概念，這是運動最主要吸引贊助商的吸引力（Cordiner, 2002a）。所謂傳統廣告所造成的繁雜環境，即是平均每天每個消費者會接觸到超過 5,000 個訊息。對於已建立的廣告通路，贊助活動有潛力、有效率地傳達訊息給消費者。但是，運動現在也許已經過於飽和。根據 Amshay 與 Brian（1998）指出，「許多運動賽會已經充斥著太多的冠名贊助商、協辦贊助商、官方產品贊助商、飲料專賣權、專賣權及誇大不實的贊助等，對於贊助商而言，繁雜與專注是兩個完全不同方向的贊助方式。」（p. 23）Skildum-Reid（2007）指出，「大型的廣告看板是不受歡迎的，它在觀眾與賽會之間是雜亂與阻斷的，而沒有加分的效果。」（p. 10）在繁雜的市場內，許多贊助商追求贊助非主流運動，例如極限運動。不只是因為這些市場較單純，而且因為這些賽會對 18 至 24 歲的消費者，有一種較強的心理特質吸引力（Cordiner, 2002b）。

　　有許多權威人士指出，贊助者正在改變他們對贊助的策略。最新的主題是：「少一點、大一點、好一點。」Poole（2004, p. 14）說：「在思考贊助案件時，贊助者寧願多花一點錢在大一點的財產權上，也不願將他們

的贊助金用在一些小的財產權上。」2004 年，坦帕灣海盜隊（Tampa Bay Buccaneers）在尋求贊助金時，轉向支持「贊助者少一點就是多」的論點。他們的目標是，藉由減少贊助者的整體數量，他們就可以減少由太多贊助者所帶來的贊助權利紛亂，並且提供較好的服務給他們的行銷拍檔。相同的趨勢也在 2002 年世界盃足球賽出現，1998 年的法國世界盃足球賽，總共有 43 個贊助商，2002 年的世界盃足球賽只有 28 個贊助商，在這 28 個贊助商裡，包含 15 個贊助夥伴及官方的供應商和特許商。Seaver（2004）對公司的調查指出相同的論點，一位執行長指出，「在未來的這一年，我們會減少計畫數量，但是我們的計畫會越大，並且越好」。另一位執行長指出：「我們將來會做的是追求更高層次，相對於贊助數量多的小贊助案件，大一點的贊助案件對我們會比較好。這個觀念會深深地影響第二層的運動，還有很多正在聽我們講話的這些人。」（Seaver, 2004, p. 20）

關於太多贊助商所帶來的複雜性，同樣地影響到贊助商對於消費者所要選擇的溝通方式。對於荷蘭（Holland）賽會的研究指出，許多的贊助商被貼上「不酷」的標籤，是因為他們的標籤在賽會上出現得太頻繁。但是有很多贊助活動的贊助商，卻還滿受歡迎的。根據 Ukman（2003, p. 2）指出，「有一個很大的缺口，存在於行銷者所使用的行銷方式與被行銷者所想要被行銷的方式。」同樣地，麥格拉報導（The Migala Report）的主編丹・麥格拉指出贊助是為了更有效地提升參與者的經驗，而非使其分心。丹發現在 ING 紐約馬拉松賽中，開特力（Gatorade）及鄧肯甜甜圈（Dunkin' Donuts）的活動特別受到歡迎。優比速（UPS）也能提高跑者的興趣，因為它的大棕色卡車，把跑者的個人物品從起點運送到終點。因此，仔細設計的贊助方案正好可以解決這個缺口問題。

行銷背景

在早期的運動行銷市場，贊助活動通常被視為一種用來滿足公司執行長興趣的工具，例如「讓我們贊助高爾夫吧，因為我喜歡高爾夫」。因此在社會上，優秀的運動員與公司執行長這個組合常被聯想在一起，而且這些運動員常被用來當作與客戶互動的工具。但是在運動贊助的中期，這些觀念慢慢地消失。不過，大型的運動賽會持續地提供招待區域，這些招待區域包含在

贊助計畫中，執行長可以利用這些機會，在比賽前與比賽後跟明星運動員見面。儘管還是有這些可能性，但運動贊助在 1980 和 1990 年代後，漸漸地延伸並複雜化。

對於公司的贊助案例，許多人抱持著爭議的態度，到底它們是出自內心的慈愛而贊助，還是爲了自我利益而贊助。因此，「策略性的慈善」這個有趣的詞被引用到公司管理的領域。所謂的「策略性的慈善」，被定義爲：「公司長期投資於一個合適的慈善活動，經由這個慈善活動，對社會有一些可被測量的功勞。因此，對於公司主要市場的愛好者，這公司會提高他們的知名度。」（Jones, 1997, p. 33）在 2004 年，IEG 爲了他們公司的客戶，舉辦了一個策略慈善研討會。這個研討會著重於「在行銷上利用慈善」與「將希望與眞心放進銷售中」（Strategic Philanthropy, 2004）。社會的責任一直被視爲公司經營須注意的一個重點，許多運動慈善活動也都是有利益性的。許多藝術、傳統、運動、醫學與社會的計畫，都是靠著公司的贊助金供給而繼續存活著。但是，這些公司支持的動機就需要被檢驗，這些公司到底是出於慈善還是自我利益呢？

研究指出，消費者會被公司的慈善行爲所影響。14% 的消費者會尋找有贊助慈善活動的公司。40% 的消費者當他們決定要買哪一家公司產品時，會視公司慈善行爲的表現爲重要指標。研究同時指出，如果公司間的產品品質與價錢差不多，消費者比較會買有從事慈善行爲公司的產品。但是，當競爭品牌的差異性增加時，慈善行銷的正面形象優勢就會減少（Roy & Graeff, 2003）。越來越多的公司認爲慈善行銷與運動是一體的。威訊通信公司（Verizon Wireless）贊助一個女性的職業自行車車隊，她們願意捐出她們的勝利給希望線（HopeLine）。希望線是由該公司發起之協助地區暴力受害者的活動。經由希望線與芝加哥小熊隊（Chicago Cubs）創立了一個「安全到家」的計畫。威訊通信公司和小熊隊在瑞格里球場的威訊通信公司的小攤子與自動售票機收集二手的電話，然後這些二手的聽筒、電池及配備，將會被再次翻新、回收，並且提供給國內的暴力受害者。此外，威訊通信公司也辦了一個贊助活動，每一個古巴棒球選手擊出一支二壘安打，威訊通信公司就會捐出 25 美元給芝加哥的國內暴力庇護所。威訊通信公司同時也擔任古巴婦女防暴協會的冠名贊助商，並經由拍賣會的銷售與古巴選手的

照相機會，為協會籌得 10 萬美元。古巴社區協會同時提供地主隊的門票，給 15 個在芝加哥國內防暴協會收容所的客戶與工作人員。

在作者的想法裡，這種方法雖然是可笑的，但是部分的公司成員卻在談論著「擁有一個慈善活動」（Jones, 1997, p. 36）。這種做法不像是真的慈善行為，但卻像是一種行銷的策略。根據 Jones（1997, p. 34）表示，消費者不用花很多的時間，就可以發覺這種銷售方法是披著社會行動主義的外衣。

就算也許有公司是真的為了慈善的理由而參與運動行銷，但是根據資料顯示，以慈善的出發點去拉攏贊助商，成功的機率有限。當拉攏贊助商時，提升贊助商公司的利益，往往被當成一個較可行的誘因。

當我們在第三章討論運動為何可以吸引公司的注意力時。我們可以發現，運動對於公司有一種永久性的魅力，比較其他行銷的通道，運動提供了一個跨領域的人口統計資料。對於許多公司，經由運動或賽會所提供的多樣性人口統計資料，是非常重要的。就因為這一點，吸引了很多公司的贊助行為。

運動的贊助常常提供贊助商雙重的曝光機會，包含了現場的推銷機會與媒體的曝光。舉例來說，老虎・伍茲在贏得了他的第一個高爾夫球精英大賽後，一年半內，他出現在《運動畫刊》（*Sport Illustrated*）封面 4 次。同時也出現在《財星雜誌》（*Fortune*）和《商業週刊》（*Business Week*）的封面（Lombardo, 1998）。一個運動行銷者評論，也許你可以買到《運動畫刊》的最後那一頁，但是你永遠買不到封面。

一件有趣的事情發生在遊艇的比賽中：一艘芬蘭的船隻，在一項大型國際遊艇比賽前一天，獲得了一份贊助合約，因此贊助者獲得了顯眼的曝光機會。儘管在比賽當天，此贊助者的船翻了；但這艘船還是在電視新聞中被播出，並刊登在網路與世界各地報紙的頭條，全世界的人都可以看到這贊助商的品牌名稱。雖然這也許不是贊助商心中樂於見到的曝光方式，但全世界的人們卻可能會把他們的報紙顛倒過來看到底這艘船上的贊助商是誰。

行銷的過度依賴

有許多權威人士認為，運動組織已經過度依賴贊助商的支持以平衡它們

的支出。以下 3 個實例說明了過度依賴贊助商所造成的巨大傷害。在中國大陸，一場國際羽球巡迴賽被迫取消，主要是因為亞洲經濟蕭條，贊助商選擇退出贊助。女子網球協會（WTA, Women's Tennis Association）的芝加哥站也被取消，因為國際管理集團（International Management Group）無法找到冠名贊助商；一場在佛羅里達州羅德岱堡的女子世界雙人冠軍賽也被迫取消，因為贊助商在比賽前夕退出贊助。

對於過度依賴贊助金的證據，在大學校園也可以見到。許多學校視贊助金為他們重要的額外收入。內布拉斯加大學 2008 年將運動部門在內的全校贊助權及媒體權利，與國際管理集團簽訂一項長達 13 年 1.43 億美元的贊助合約（Nebraska Board of Regents, 2008）。耐吉贊助 20 所大學全部的運動種類；愛迪達贊助 15 所大學全部的運動種類。包括德州農工大學及密西根大學也在 2008 年轉換贊助合約，從耐吉到愛迪達。也因此，德州農工大學獲得現金 6,000 萬美元及 650 萬美元特許銷售的紅利。各式各樣的贊助利益，現在逐漸被各教育機關發現，如：

- ⚽ 免費器材設備
- ⚽ 體育館的廣告
- ⚽ 補助支出教練的薪資
- ⚽ 一般場次與季後賽轉播金收入

美國各大學已經了解，可藉由美式足球賽的贊助活動，獲得幾百萬的贊助利益。各美式足球冠軍系列的比賽支出，是非常龐大的。2008 年，各場的 BCS 美式足球賽（多里多滋節慶盃、聯邦快遞橘子盃、諾基亞超級盃和玫瑰盃）的支出，大約在 1,700 萬美元（Smith, 2007）。

為了獲得較大的贊助權力控制，大學運動員聯盟強制訂定相關規定，以規範各隊制服與設備上的公司品牌標誌大小，以防止過度商業化。但是，最近有一家製造衣服的公司，針對 NCAA 此項規定的動機提出法律訴訟，為什麼在美式足球賽的季後賽中，贊助商可放超過 NCAA 所規定的大小的品牌標誌在他們所贊助隊伍的制服上。

在 1990 年的全明星球賽中，一位球員高舉他的球棒，向攝影機展示他

過大的贊助商品牌標誌。此後，美國職棒大聯盟同樣執行類似的規定，限制球棒上的品牌標誌大小（滑雪比賽同樣發生類似的事情，比賽選手在比賽結束後，會高舉他們的滑雪板，展示贊助商的品牌標誌）。美國美式足球聯盟與冰上曲棍球聯盟，在控制球員衣服上的品牌標誌，同時也發生了許多爭議。他們規定衣服製造商需要支付聯盟權利金後，才可以在比賽中展示他們的品牌標誌。因此，就算球員個人與公司廠商有運動鞋贊助合約（個人的贊助合約會在第五章中討論）的關係，如果該公司沒有支付聯盟權利金，則此公司的贊助球員在比賽中不得展示他們的品牌標誌。這方面的爭議慢慢地浮上檯面。在 2007 年國家美式足球聯盟芝加哥熊隊的球員亞契（Brian Urlacher）在出席超級盃的媒體日中，戴了印有開特力飲料的帽子而被罰款 10 萬美元。

　　美國職棒大聯盟在贊助商的品牌標誌控制方面也存有爭議。1998 年，美國職棒大聯盟的擁有者，放棄與球衣、球鞋的製造商簽訂獨家合約。在此之前，各隊可以與單獨的公司簽訂合約（如紐約洋基隊與愛迪達簽訂合約）。但是在法律上規定，美國職棒大聯盟各隊的制服合約權，依舊落在美國職棒大聯盟上。在另一方面，有關控制品牌標誌上的問題，巴爾的摩金鶯隊試圖停止隊上的 3 位球員推銷百事可樂的產品，因為可口可樂與此隊有贊助合約的關係（King & Bernstein, 1998）。

　　所以，到底誰有這個贊助權利？運動員或聯盟？相同地，國家美式足球聯盟提供了全聯盟式的贊助合約。但在 1998 年，聯盟無法與可口可樂公司達成全聯盟式的贊助合約，因此國家美式足球聯盟釋放出飲料的贊助合約權利給各隊。也因為如此，可口可樂與國家美式足球聯盟的 16 隊簽訂合約；百事可樂簽訂了 3 隊（剩餘的其他隊，依舊沒有飲料的贊助商）。可口可樂贊助國家美式足球聯盟的金額變成 400 萬美元，去年簽訂全聯盟式的贊助合約花費了 1,500 萬美元，可口可樂省了許多錢。此外，可口可樂也可較策略性地選擇所需要的市場，達成有效率的贊助效果。不幸的是，相較於前年，國家美式足球聯盟各隊所獲得的贊助金收入，遠遠少於前年（Bernstein, 1998a）。而百事可樂卻簽訂了聯盟的贊助合約，也確保了超級盃的贊助權利。為了彌補收入的不足，國家美式足球聯盟特別開放了快速服務餐廳與必勝客的權利給各隊，各隊可私下販售。

製造雙贏的策略

運動與公司可以製造出一種共生的關係，這種關係所帶來的利益，遠比單獨個體所獲得的利益還大。Ukman（2004a, p. 2）提出，「結合雙方個體的資產，所創造出的贊助平台帶來的利益，遠比單獨個體努力所帶來的利益高得多。」運動經理想要增加他們的收入與計畫曝光的機會；相同地，贊助商也想要增加收入與產品曝光的機會。一份運動贊助合約可以幫助雙方達成所需。Kim Skildum-Reid（2008）為創造雙贏的機會，應該在贊助商及運動組織之外，將消費者（參與者或觀眾）涵蓋進來。一般而言，公司對銷售產品與服務給潛在的消費者比較有興趣。如果運動組織可以提供管道去滿足這項需求，成功的關係自然而然就會被建立。因此，運動行銷的專業人員所需要做的任務，就只剩下將此贊助合約所帶來的利益清楚地告知贊助者。重要的是，運動贊助是要提高參與者與觀眾的正面經驗，而非轉移其注意力。

 矛盾

不是任何人都同意投入贊助行為對運動而言是好的。因此，運動行銷者應該知道，並非全部的人員都欣然接受某些公司贊助者的行為。許多人覺得，香菸商或酒商的贊助運動是非常虛偽的，因為運動是健康的，但是香菸或酒有礙健康。因此部分的政府機關已經制定了相關規定，限制香菸或酒的廠商在運動場上廣告他們的產品。

◆ 菸與酒的運動行銷

歐盟對於香菸廠商在運動場上的廣告的禁令制定，有很大的爭論。法國政府對於這個禁令行之有年，並且大力推廣此禁令運用於歐盟各國。但是對於香菸廠商的贊助合約規定，各國有不同的規定。在英國，此禁令在 2006 年生效。在德國，人們聲稱香菸是一項健康的問題，因此，德國建議關於控制香菸的問題應該交由各國私下處理（"Germany to tangle", 1998）。在歐洲，除了方程式賽車的香菸贊助合約，酒與香菸廠商對於其他運動項目的贊助行為正不斷地減少。這造成了一些奇特現象，當組織計畫舉辦賽車時，他們會選擇沒有香菸禁令的國家來作為比賽場地（Currie, 2004）。對於香菸

廠商在運動場上打廣告的禁令，方程式賽車處於法國禁止菸酒廣告的風暴中。為了報復法國的禁令，執行外國情報監督法（FISA）官方特別取消了法國大獎賽（French Grand Prix），因為法國汽車運動聯盟無法保證香菸廠商不受取締，若他們的品牌標誌出現於車上或設備上。

　　澳洲政府採用制定法律的方式去限制香菸廠商的廣告，但是在一些國際重要賽事上，澳洲政府仍設置了特別的規定，讓香菸廠商有廣告的機會。加拿大政府也是利用制定法律的方式，來限制香菸廠商的廣告。在 1998 年 6 月，有關限制香菸廠商廣告的展示，運動與傳統的團體被判 5 年的緩刑（Danylchuk, 1998）。體育館出口的招牌被允許刊登香菸廠商的廣告到 2000 年。2000 年 至 2003 年間，香菸廠商的廣告只被允許現場擺設，且被規定只能占全部現場廣告刊版量的 10%（Danylchuk, 1998）。

　　法國、加拿大、澳洲政府，是少部分對於香菸廣告的問題採取行動的國家。也許仍然有許多國家也想採取行動，但是他們都在等待，包含觀察美國如何處理協調各州面對香菸廣告這個議題的方法。同時香菸廠商也釋出善意，他們願意為抽菸者付醫療保險。

　　在 1991 年，美國聯邦貿易委員會（FTC, Federal Trade Commission）也加入了香菸與運動贊助的爭議中。在美國聯邦貿易委員會與品克頓菸草公司（Pinkerton Tobacco Company）1991 年的案例中，大大改變香菸公司所可獲得的運動贊助權利。在這個案例中，美國聯邦貿易委員會執行美國聯邦通信委員會（FCC, Federal Communication Commission）的禁令，禁止香菸廠商在電視轉播中廣告他們的香菸產品，因此點燃了與香菸廠商的戰爭。這個案例禁止品克頓菸草公司利用運動賽會去廣告他們的產品——紅人牌無煙香菸。此案例的結果，進而產生禁止相關做法的命令，認為品克頓菸草公司犯了那就是違反美國聯邦貿易委員會與美國聯邦通信委員會的規定。進一步地，這法令禁止這些香菸公司將一些可代替他們公司的標誌（包含印第安紅人頭的品牌標誌），放置在比賽開始、結束或商業廣告時間的前後時段（FTCv. Pinkerton Tobacco Company, 1991, p. 329）。同時品牌標示、銷售訊息的顏色、產品設計的外表，或它的包裝方式也受到規範，規定也同時禁止菸草贊助商將無煙香菸產品的品牌名稱，當作被贊助運動賽會的名稱。其他的限制包含攝影機常照到區域廣告招牌，也不可以出現香菸贊助商的名

稱，例如比賽場地／體育館的招牌、競爭車輛上、其他設備、賽會官員的衣服、轉播員、比賽選手或參賽者。進一步地，品克頓菸草公司也有法律責任，要代替市民支付因為違反相關法律的罰款（FTCv. Pinkerton Tobacco Company 1991, p. 329）。

當電視轉播運動賽會時，許多的運動賽會廣告位置與比賽跑道會被當成背景，萬寶龍香菸與其他的菸草公司就購買這些位置，來避免香菸廣告的禁令。在美國，許多菸草公司在眾多的職業運動場所購買了廣告位置。在波士頓的芬威球場（Fenway park），萬寶龍的標誌被懸掛在比賽場地的右側，就在吉米癌症研究基金會的旁邊。根據 DeParle（1989, p. 38）表示，「當網路還是被禁止刊登香菸的廣告時，許多網頁還是非常樂意將插有萬寶龍旗子的場地與有萬寶龍標誌的賽車秀在網頁上。」但是，美國聯邦貿易委員會最近加入執行美國聯邦通信委員會的禁令，禁止電視播出香菸產品的廣告。透過美國司法部，在 1998 年通過了禁令。比美式足球聯盟超級盃提出限制香菸廣告商的廣告位置（這些廣告位置在電視轉播時會被拍攝到）的時間點還早。

在 1998 年時，許多州政府嘗試與菸草公司協調有關因為抽菸所帶來的健康問題的費用，部分達成的協議是在 2001 年底限制全部的香菸贊助商的權利。雖然任何在 1998 年 8 月 2 日之前所達成的香菸贊助合約都還可執行，但是不可以再續約。這些協調初步的解釋為：「菸草公司仍可附屬於單獨組織所認可的系列賽、賽會、隊伍。」（Landmark Settlement, 1998, p. 1）雖然這些菸草公司沒有被排除於贊助合約上，但 R. J. Reynolds' 放棄他們在 2004 年全國運動汽車競賽協會（NASCAR）雲絲頓盃（Winton Cup）的贊助合約。許多的協調約定被仔細地檢視，有關定義與限制的內容，他們只用模糊的字眼帶過，至於品牌的內容很少被詳細解釋。有許多國外公司（雖然在美國合約上被禁止），香菸製造商已經將他們的產品線多樣化，包含製造沒有香菸的消費者產品。這樣帶來了一項問題：你如何限制萬寶龍公司廣告「冒險的工具」在影印紙出口處或是電插座？現在美國的協約同樣將此限制條款用於消費者的產品，如果香菸的品牌名稱（例如：Winston）被使用，但是協約沒有禁止使用母公司的名稱（例如：R. J. Reynolds）。這些協約同時減少了在這合約裡所包含的州體育館之品牌贊助（"Landmark

Settlement", 1998）。

　　啤酒廣告就沒有像香菸廣告禁令的紛爭。但在 1998 年時，嘉士伯（Carlsberg）啤酒與馬來西亞第16屆大英國協運動會簽訂合約，成為比賽的贊助商，但是卻發生了些問題。顯然地，穆斯林社會帶給政府的壓力，干擾了此比賽贊助商的權利。最後，政府官員禁止嘉士伯的標誌在比賽中被放在賽會相關的物品或展示會的刊版上。嘉士伯被迫提出訴訟，索取相關的損失。

◆ 虛擬招牌

　　虛擬招牌的快速發展已開始挑戰運動行銷者與賽會擁有者的智慧。虛擬招牌所運用的科技，是讓轉播者將一些印象（通常是廣告）放在單一顏色的表面上（包含運動場地或界線上）（Bernstein, 1998b, p. 24）。許多運動組織認可這項科技的使用，但是同時也有許多組織限制或禁止它的使用。像 NBA就禁止虛擬招牌的使用，但是美國職棒大聯盟與美國冰上曲棍球聯盟卻廣泛地使用此項科技。國家美式足球聯盟對於虛擬招牌的應用還在制定法令，其他的運動項目對於此項科技的使用還在摸索。世界摔角總會、極限運動和其他的網球公開賽，還在試驗虛擬招牌的可用性。但對於出現在運動場上的虛擬招牌所傳遞的訊息，卻帶來很大的爭議。許多的體育館擁有者說服贊助商購買體育館的廣告刊版，許多贊助商都是因為這些廣告刊版可以被電視轉播到而購買。但現在因為此虛擬招牌科技的發達，虛擬招牌的生意阻絕了體育館的廣告刊版銷售，並且可能因為贊助商的競爭對手購買了虛擬招牌，而影響了體育館的廣告刊版的效益。一位美國足球聯盟的執行長說明：「體育館擁有者表明立場，說他們擁有銷售虛擬招牌的專賣權；但我們的立場是，體育館擁有者並沒有這些專賣權。」（Bernstein, 1998b, p. 24）聖地牙哥教士隊同樣也不同意比賽的轉播者，在主場比賽的電視轉播中銷售虛擬招牌。接下來的一年，教士隊特別在轉播合約中聲明，教士隊才有權利銷售虛擬招牌，轉播者沒有此權利（Bernstein, 1998b）。

　　另一項爭論，是發生在電玩遊戲中的贊助商招牌。EA（Electronic Arts）是一間頂尖電玩遊戲的製造商，此公司已經開始使用一種銷售的主題：「如果他是在遊戲中，他真的就是在遊戲中。」對於這一點，EA 在他們的美國職棒大聯盟遊戲中放入了場外的虛擬招牌，對於 X-Games 的

專業遊戲設計上，他們也採用相同的方式。對於新力 PlayStation 的互動遊戲設計上，永久性螢幕上顯示的圖表，也同樣出現賽會的贊助商 Mountain Dew（飲料名）。同樣的，1998 年世界盃足球賽的贊助商吉列刮鬍刀（Gillette），也被放置在 EA 所設計的電玩遊戲中。另一間電玩遊戲製造商 Sierra On-line，在他的全國運動汽車競賽協會電玩遊戲中，也確認獲得重新擺置新贊助商的商標在電玩遊戲中的機會（Rovell, 1998）。許多運動行銷者覺得這種做法是一個好的機會，以便在眞實世界中向小孩推銷產品。EA 的運動行銷主管評論：「對於鎖定青少年爲目標市場的公司而言，電玩遊戲是一個向青少年行銷的好管道。」（EA Sports, 1998）但是也有其他人認爲，這個行爲對於社會而言是不合理的侵略。

　　總而言之，運動組織與贊助者的雙方關係，必須保持在雙方都能獲得利益的基礎上。如此而爲，這種雙贏的局面就可以增加公司市場價值、利益，以及增加運動組織或賽會的收入。整體的贊助程序可詳閱後面的「練習題」。在此，我們學到一位專業運動行銷者的任務，主要在於向贊助者清楚地說明，他們的利益是如何在賽會舉辦中獲得。

🏌 最佳案例

◆ 行銷效果審核模式

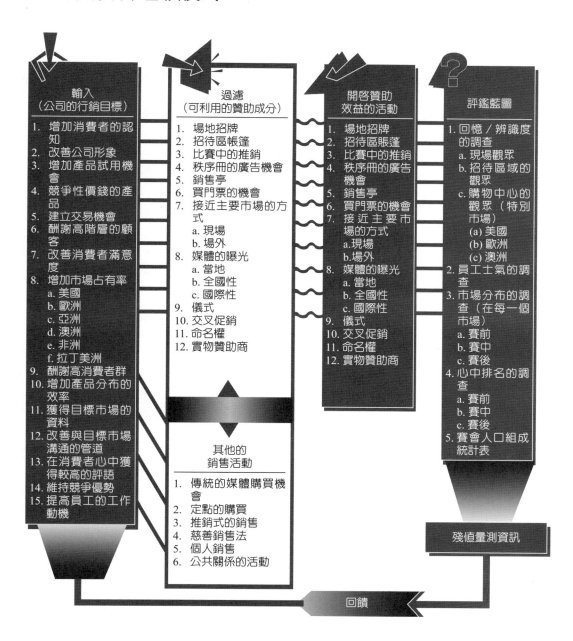

輸入
（公司的行銷目標）

1. 增加消費者的認知
2. 改善公司形象
3. 增加產品試用機會
4. 競爭性價錢的產品
5. 建立交易機會
6. 酬謝高階層的顧客
7. 改善消費者滿意度
8. 增加市場占有率
   a. 美國
   b. 歐洲
   c. 亞洲
   d. 澳洲
   e. 非洲
   f. 拉丁美洲
9. 酬謝高消費者群
10. 增加產品分布的效率
11. 獲得目標市場的資料
12. 改善與目標市場溝通的管道
13. 在消費者心中獲得較高的評語
14. 維持競爭優勢
15. 提高員工的工作動機

過濾
（可利用的贊助成分）

1. 場地招牌
2. 招待區帳篷
3. 比賽中的推銷
4. 秩序冊的廣告機會
5. 銷售亭
6. 買門票的機會
7. 接近主要市場的方式
   a. 現場
   b. 場外
8. 媒體的曝光
   a. 當地
   b. 全國性
   c. 國際性
9. 儀式
10. 交叉促銷
11. 命名權
12. 實物贊助商

其他的銷售活動

1. 傳統的媒體購買機會
2. 定點的購買
3. 推銷式的銷售
4. 慈善銷售法
5. 個人銷售
6. 公共關係的活動

開啓贊助效益的活動

1. 場地招牌
2. 招待區賬篷
3. 比賽中的推銷
4. 秩序冊的廣告機會
5. 銷售亭
6. 買門票的機會
7. 接近主要市場的方式
   a. 現場
   b. 場外
8. 媒體的曝光
   a. 當地
   b. 全國性
   c. 國際性
9. 儀式
10. 交叉促銷
11. 命名權
12. 實物贊助商

評鑑藍圖

1. 回憶／辨識度的調查
   a. 現場觀眾
   b. 招待區域的觀眾
   c. 購物中心的觀眾（特別市場）
      (a) 美國
      (b) 歐洲
      (c) 澳洲
2. 員工士氣的調查
3. 市場分布的調查（在每一個市場）
   a. 賽前
   b. 賽中
   c. 賽後
4. 心中排名的調查
   a. 賽前
   b. 賽中
   c. 賽後
5. 賽會人口組成統計表

殘值量測資訊

回饋

練習題

　　此練習題可提供一個引導的方向，以完成一份贊助計畫書的各部分。接下來的問題，包含了公司贊助的邏輯、法律對贊助的限制部分，以及可能引起的爭議點。完成這些步驟，就等於完成一份贊助計畫書的準備步驟。

1. 確認爲何該公司要贊助你的團隊、組織或運動賽會可能的邏輯。

2. 討論可能會影響你的團隊、組織或運動賽會的贊助權益的相關法律限制（菸／酒）。

3. 思考任何可能影響你的團隊、組織或運動賽會的爭議問題。

第二章
尋求贊助商

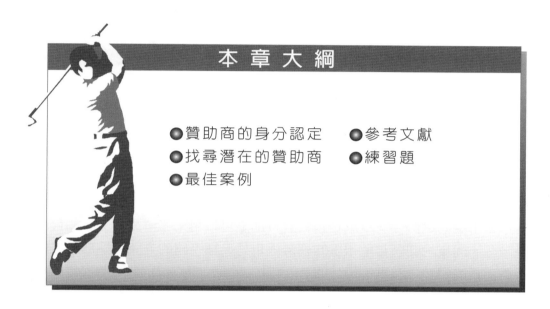

本章大綱

● 贊助商的身分認定 　● 參考文獻
● 找尋潛在的贊助商 　● 練習題
● 最佳案例

贊助商的身分認定

　　就每一個參與運動賽會或運動組織活動的人，無法被稱為合夥關係人。在一個非正式國內贊助論壇裡的評論，一位出席者嘲笑地說：「在 2002 年，冬季奧運會的法律事件中，有些法律公司應該成為國際花式溜冰協會官方的法律顧問。」有些事情總是難以達成共識，但在 2004 年，第一次超級盃美式足球賽任命一間法律公司為官方之法律公司，從競標賽會開始至與聯盟及廠商協調整個契約的制定，Winstead、Sechrest & Minick（律師事務所名）和休士頓組織委員會在整個過程中一起合作。

　　事實上，並不是每一間公司都有能力或是興趣投入運動行銷的行列，但是，有些公司天生就是被認定適合與運動行銷結合。有一個絕妙的公司與

運動行銷的完美組合例子，就是總部位在舊金山的Gap服裝製造商，贊助棒球場左右中外野招牌。另一個有創意的例子，如：科羅拉多州立大學的吉祥物叫公羊（Ram），帶給他們學校美式足球成功的一年，他們獲得道奇卡車（Dodge trucks）贊助教練秀的機會，去行銷他們出名的公羊卡車（Ram trucks）。開特力運動飲料在 1965 年時，被佛羅里達大學教授所研發，它的主要功能，在於能幫助足球員迅速補充身體所需的水分，並且已經被國家美式足球聯盟及大學當作主要使用的飲料長達 35 年之久。當電視觀眾看到開特力的清涼飲料在場中，觀眾就知道這項產品有它的效用。百事可樂公司（開特力品牌的擁有人）已經展延國家美式足球聯盟的贊助活動直至 2011年。

運動行銷人員發現，這些公司有興趣也有能力去參與運動行銷的行列。贊助先驅者 David Wilkinson 說：「在對贊助商清楚解說你將如何幫助他們的過程中，不要犯任何的錯誤，此外，還需要想像力與行銷成果。」（Wilkinson, 1986, p. 40）在尋找行銷商的過程中，運動行銷人員需要研究各單獨市場的趨勢。文章或是銷售資料都是可以用來了解公司活動的最佳資料來源。簡單地閱讀當地報紙的經濟版也是一種不錯的方式，關於尋找國內行銷前景的資料，《華爾街日報》（*Wall Street Journal*）是一個有用的參考資訊。對於尋找贊助商的過程，尋找一些有關公司的合併、花費、新產品的發表資訊，都是有幫助的。當經濟服務巨人美聯銀行（Wachovia）在 2001年合併第一聯合銀行（First Union）時，他們開始在東北美洲從事許多贊助的行動，以獲得許多的贊助權利與各隊的贊助約。經由合併，在費城的第一聯合銀行中心變成了美聯銀行中心。在 2004 年時，包裹快遞公司 DHL欲擴張它的版圖至美國。它的國際運送服務長年以來都很有名，DHL 瞄準聯邦快遞（FedEx）和優比速（UPS）的市場。DHL 在 2004 年雅典奧運之前，與美國奧會達成協定，經由這項協定，DHL 購買到在 NBC 轉播奧運比賽中的獨家廣告。

在另一個例子中，波士頓馬拉松找來賓士汽車（Mercedes car group, a unit of Daimler Chrysler）當它們 2004 年比賽的贊助商，同時賓士汽車也利用這個機會去發表他們的新產品——「Smart」品牌。這比賽，提供大量的媒體曝光與跑道旁 50 萬名觀眾的關注。Smart 品牌的總裁提到：「駕駛

Smart 的人與跑馬拉松的人有很多相似性。他們比一般人更積極且擁有廣泛的興趣。他們對生活有熱忱、非常地熱心、不以年齡或社會背景來認定自我，而是用智慧與創造力的潛力來認定自我。Smart 品牌所提供的產品，就是會吸引在美國當地的這些族群。」（Smart brand vehicles, 2004）多注意這種類似的交易行為，有益於提高機會找到可以從運動銷售平台獲得利益的贊助者。另外一個例子發生在 2004 年，當大西洋海岸航空公司（Atlantic Coast Airline）想要改名為獨立航空公司（Independence Air）。華盛頓紅人隊（Washington Redskins）（國家美式足球聯盟）簽訂獨立航空公司為他們的贊助商。而大西洋海岸航空公司則利用這個機會，向外界傳達他們已經改名的事實，並且推銷他們東岸的航線（Ukman, 2004）。

　　從運動行銷的交易資訊中，也可以找到類似的訊息。如國際賽會集團的行銷調查報告（*IEG Sponsorship Report*）和《運動商業週刊》（*Sports Business Journal*）等，都是一些找尋珍貴消息的重要來源。國際賽會行銷調查報告規律地發表活躍贊助項目的活動，例如非酒精類飲料（44% 的法人至少有一個為酒精類飲料贊助商）、汽車（35%）、銀行（30%）、啤酒（29%）、電信通訊（26%）、名產銷售（19%）、食物（18%）和金融服務（14%）（*IEG*, 2003）。因此，在這些經濟區塊的公司是有可能成為尋求贊助合約的候選人。

　　Castiglione（1989）指出，當地的商會所提供的消息也是一個好的資訊。當地的商會基本上會記錄公司的內容，例如員工、經濟基礎、公司產品。Wilkinson（1986）也提出一些可供參考的資料來源處，例如黃頁電話簿、報紙上的廣告或是開車到商業區，這些動作都可以引發一些創意性的想法，藉由這些想法，可以創造一些有潛力的配對。另一項已經被證實，可以成功的方法，為檢驗特定運動組織或協會與個別公司的關聯。或許有一些天生的關係可以透過贊助協定來加強，很多彼此有商業往來的公司，都有興趣在市場上成為成功的商人。

　　或許我們可以從杜邦（DuPont）贊助亨利賽車（美國NASCAR隊伍之一，Hendrick Racing）的案例中，去證實這項概念。亨利賽車擁有超過 90 家的銷售商，並且擁有超過 35 億美元的年收入。每一家亨利賽車的銷售商都有維修車子撞傷的能力，因此他們都購買了大量的汽車油漆。杜邦汽車修護（DuPont Automotive Finishes）恰巧是一間頂尖的車子油漆

零售商。因此，亨利賽車獲得了傑夫高登（Jeff Gordon，美國賽車手）所駕駛的賽車贊助權；杜邦則獲得產品銷售與經由這項關係所獲得的其他利益（Hagstrom, 1998）。在類似的方案中，雪文威廉斯（美國塗料公司，Sherwin-Williams）是 2004 年大南方聯盟（Big South Conference）的官方油漆供應商。這份贊助合約讓雪文威廉斯（Sherwin-Williams）有機會站得更穩。聯盟每年都需要大量的油漆，而他們是 2004 年的供應商（"Sherwin-Williams", 2004）。雖然這種贊助行為沒有被直接點出來，但是它卻讓雪文威廉斯（Sherwin-Williams）直接進入大學系統的管道，因此有更多人包括學生教職員工等都會購買塗料。

接下來的一步，藉由評估第三章所列出來的準則，讀者需要整合出一份公司的清單。按照可能成為贊助商的機率大小，將這些公司做一個排名，作為尋找贊助商的第一步。

要找到合適的贊助商的切入點通常是困難的。有些銷售商商店自行安排它們自己的贊助契約，但有些卻是大大不同，有些贊助合約為總部所管理。許多當地的公司都是附屬的經銷商或連鎖店，例如：必勝客（Pizza Hut）、麥當勞（McDonalds）、真值五金連鎖店（True Value Hardware Stores）等。在一些案例中，行銷人員也許需要透過總公司來核准雙方的贊助合約。但這不一定就不好，總公司也許比當地的銷售商擁有更多的錢來贊助活動；且公司總裁也較願意利用這些想法來銷售他們整體公司的產品。不管最後的決定是如何，一個運動行銷人員應該先以拜訪當地的銷售商為第一步。如果運動行銷人員沒有獲得當地銷售商的支持，通常成功的機會會減少。酷爾斯（Coors）啤酒的例子（在本章後面的練習題）說明了在合作與平均花費的基礎上，在一些公司的贊助花費是如何被設定的（有關於如何與企業接觸，在第八章會有更多詳細的介紹）。

在詢問公司贊助者他們公司的贊助目標是什麼之前，讀者需要先研究下面的問題：

- 這間公司生產什麼種類的產品或服務？
- 公司的銷售架構？
- 公司通用的行銷方法？
- 什麼種類的方案是成功的？

⚽ 跟它們的競爭者比較，他們的成功之道為何？
⚽ 公司曾經利用運動／賽會作為推銷的方法嗎？如果有的話，是正面還是負面的評價？
⚽ 誰負責行銷計畫的決策？（修正自Wilkinson, 1986）

🏌 找尋潛在的贊助商

成功最主要的關鍵在於研究贊助公司的能力。做一些調查吧！第一步研究公司的方法，就是找到獲得公司文獻的途徑，例如它們的年報。雖然很多公司還是將年報公布在它們的官方網站中，但是直接向公司索取年報還是一個比較好的方法。美國證券交易委員會SEC（Securities & Exchange Commission）要求所有在美國公開擁有超過 500 個股東與 1,000 萬美元資產的公司，提出他們的年度報告。經由 SEC 的網址（www.sec.gov）和公共註冊部門（Public Register）、年報服務（Annual Report Service）（www.prars.com）可以得到這些相關的資訊，這些檔案可以提供許多主要市場公司內部經營的狀況。也許這些東西都是公司不想讓大眾與它的股東知道，但這些東西都是運動行銷人員所必須了解。對於這一點，閱讀地區剪報的相關報導或與其公司有所交易的人會談，都是不錯的方法。單純地知道誰擁有辦公室是不夠的，對於運動行銷者，他們必須知道誰是公司的權力核心人士。

在研究潛在性贊助者時，透澈地研究贊助商的商業經營模式，也是非常重要的。一位運動行銷者，在沒有充分地了解贊助商的商業經營模式前，是無法勸服贊助者接受你的贊助案的。海灣豐田（Gulf States Toyota）的資深行銷經理提出：「對於想要與我們合作的公司，他們必須讓我們知道他們很了解我們的公司」，「在跟我交談之前，我會先觀察好一陣子，了解是否尋找贊助的公司已經與我方業者與銷售員做過交談。」（Williamson, 2004, p. 5）

公司的擁有權也必須被列入運動行銷人員的研究內。在今天的國際市場中，擁有權的複雜度意味著你所接觸的公司都有強烈的國內與國際的關聯。必勝客、肯德基（Kentucky Fried Chicken）或墨西哥捲餅（Taco Bell），這幾年來都是被百事可樂公司所擁有（關係企業）。麥當勞所參與的贊助案

中，百事可樂也會參與嗎？我想這是最不可能發生的。因為經由餐廳的關係與奧林匹克運動賽會的贊助結盟，讓可口可樂和麥當勞擁有強烈的關聯。

在許多的例子中，運動組織的經濟夥伴也有可能是有潛力的贊助商。美國第一銀行的信用卡發卡量，在美國排名第三（現在超過 1 兆美元）。有些運動組織，例如國家美式足球聯盟和美國職棒大聯盟都已經成功地與國內的銀行業者一起發行廣受喜愛的信用卡。這些信用卡上都附有國家美式足球聯盟或美國職棒大聯盟隊伍的標誌，並且提供大量的獎勵給它們的客戶，這對銀行與運動聯盟都是得益的。經由這種夥伴關係，運動組織收到部分信用卡申請者的費用，以及經由這種卡所銷售的部分金額。

就如以上所言，尋找贊助者是困難的工作，並且需要很多時間來研究與調查。但是，它卻可以帶來許多樂趣和挑戰，引起最成功的運動行銷者的興趣。

最佳案例

酷爾斯啤酒公司（Adolph Coors Company）。

◆ 運動贊助的準則

以下是酷爾斯野外市場部門，對於運動、批發商與啤酒製造廠、地區性賽會，和特別銷售地區所建立之運動贊助準則。

運動

為了符合運動贊助的條件所需，以下有幾個重要的大綱必須遵守：

1. 必須在啤酒飲用者指標排名中位於高的順位——參加者、觀眾、電視收視者。
2. 在運動積分算法中，必須有高的得分——計算方式包含觀眾數量的多寡、銷售給經銷商的產品量之大小等。
3. 經由現場的銷售必須影響大量的酷爾斯行銷領域。
4. 必須達成期待或保證可以獲得國內媒體的曝光。
5. 被贊助的個人必須在酷爾斯市場區域的媒體與觀眾廣泛地所知與尊重，且必須為某運動領域的佼佼者。

6. 被贊助的賽會必須要是特別的、具有酷爾斯擁有權的可能性、可以接觸酷爾斯的主要市場、受歡迎程度必須要是上升的、提供酷爾斯批發商結合的機會。

7. 運動本身必須擁有穩定客源的推銷潛在價值──延伸。

8. 運動本身必須擁有延續性──有意義的目的與客觀性的舉辦頻率。

9. 必須被一個有能力並可舉辦與分配運動賽會的組織所掌握，如：全國運動汽車競賽協會。

10. 被贊助賽會的擁有者，必須要有天生的競爭力。

合作的賽會（CO-OP EVENTS）

酷爾斯合作部門已經設立以下規則來確認全部酷爾斯批發商的統一準則。這些規則，提供批發商與公司一份異業合作部門的操作參考簡介。任何沒有被以下的準則所討論到的問題，都需要再跟合作行政管理的人士討論：

1. 關於贊助資金的出資百分比，批發商與啤酒製造商須各付 50% 的贊助金。

2. 所贊助的方案，總費用不得低於 1,000 美元。

3. 所贊助的方案必須符合法律及相關規定。

4. 賽會方案必須符合公司行銷計畫、行銷策略及公司形象。

5. 被贊助者必須提出授權的合作賽會提案表，此提案表必須附有充足的資料，以利公司分析與評估。

6. 賽會提案表必須在賽會開始前 30 天，送至區域銷售經理手中，如果公司另外要求一些特別的圖表，提案表必須在賽會開始前 60 天送至區域銷售經理手中。

7. 在方案表完成後再繳交提案表，公司可能會拒絕參與計畫。

8. 與其他啤酒公司有贊助合約的關係，是不被公司所允許的。

9. 使用酷爾斯品牌標誌廣告、零售時點、銷售產品，都必須要有酷爾斯合作部門的允許。

10. 在批發商法規 3 的預算已經被消耗完之後，與賽會有相關的法規 3 所規定的項目（印有公司的長旗、旗幟等）只能是完成的合作項目。

11. 如果批發商沒有對活動有資金的贊助，酷爾斯公司對於活動資金的贊助將不通過，因為合作計畫的目的，在於鼓勵批發商強化參與當地的社區活動。

12. 合作賽會也須參加以下另外的活動：

　　a. 當地的交易會。

　　b. 產品／套裝產品的介紹會。

　　c. 除了交通、住宿、給與零售商與啤酒公司的門票外，在運動賽現場需要有招待中心（這運動賽會最少要有 1 萬名的觀眾，不包含商品展覽會、嘉年華、各樣表演活動等的人口）。

13. 以下不列入資助的物件：

　　a. 啤酒。

　　b. 直接郵件。

　　c. 資本設備。

　　d. 酷爾斯批發商員工的薪水、獎金等。

　　e. 鼓勵獎金計畫。

　　f. 無關於被贊助合作賽會（包含娛樂部分）的晚餐、餐會、午餐會。

　　g. 禮物／捐款（金錢或物品）。

　　h. 批發商為銷售商所購買的門票費用。

　　i. 為銷售商所付出的交通費與住宿費。

地區性賽會——商品展示會與嘉年華

1. 針對這個地區性的賽會，它必須是個大型的地區性賽會，它必須可以吸引到一大部分（例如 20%）的參與者，而且是來自銷售商所未分布的區域。

2. 最少的參與人數須為 20 萬人（如果這是一個少於 5 天的賽會，參與人數每天至少 4 萬人）。

3. 對於酷爾斯，計畫的花費至少需要 1 萬美元。

4. 銷售商配合的金額最少要有 30%，銷售商最高的花費為 50% 的總花費。

5. 賽會必須要有地區性媒體的曝光（超過賽會都會區以外的媒體曝

光）。

6. 辦理啤酒試喝的機會。

7. 領先的幾個州可優先列入參考（以各州銷售量與品牌知名度來衡量領先的程度）。

8. 非運動類型的賽會（商品試用會、嘉年華等）將比在運動賽會中（搏鬥賽、跑步賽等）有機會接受贊助。

地區性賽會──計畫的建立

1. 地區性的賽會計畫：必須要有影響廣泛的地理區域與人群的基礎能力。

2. 系列賽會：應該是多次的賽會，且同時或不同時間在不同的地區舉辦。

3. 擴張性：相同的計畫應該可以在任何酷爾斯市場區域中被擴張或是執行。

4. 高的參與率：開放於大眾，讓眾多的參與者或觀眾參加。

5. 高持續性：該計畫要與酷爾斯有多年的關聯性及發展性的潛力

6. 契約的執行：必須是由專業且有熱誠的行銷專家與酷爾斯簽定贊助合約的另一方所計畫與執行。

7. 批發商共同的資助：在完成計畫後的第一年，必須至少提供 30%。

特殊行銷

特殊行銷將要研究、評估、發展符合年輕人生活方式與品牌目標的機會。酷爾斯啤酒（Coors & Coors Light）可以運用年輕人主要市場區塊的相關資料。

1. 人口統計資料

● 年齡──主要目標：24 歲年齡層

● 學歷──非大學

　　　　大學

● 性別──主要目標：男性

　　　　次要目標：女性

- 婚姻狀況——單身
- 工作狀況——依優先程度排名
  藍領、白領（灰領）階層、兼差工作、無業
- 種族分配——依機會分配
  美國西南部北歐裔英語系美國人、西班牙裔、非洲裔

2. 人口統計資料的區隔（大學與非大學）

大學	非大學
26 歲年齡層（與 24 歲年齡層的心智階層同一層）	24 歲年齡層（25-29 歲）
男性	男性（主要市場）
8,000～12,000 美元（年薪）（藍領）	12,000～24,000 美元（年薪）
單身	單身
美國西南部北歐裔英語系美國人	美國西南部北歐裔英語系美國人
白領／灰領	藍領階層／灰領

　　酷爾斯品牌重點在於行銷非大學市場部分；酷爾斯淡啤酒（Coors Light）品牌重點在於行銷大學市場部分。

3. 心理相關資料（大學與非大學年輕人之描述性特徵）

大學	非大學
比較喜歡買淡啤酒	跟隨別人一起做
傾向聽取意見	喜歡濃度高的啤酒
較穩固	有壓力的
有目的的生活	世界虧欠於我
派對——女生——音樂	快樂主義者
某種程度認真的心態（專注）	反同性戀
為今天而活（較少的程度）	冒險的

大學	非大學
工作認真——玩得認真	較小的生活圈
自我主義	男子氣概的
注重健康	自我不穩定
參與者 vs. 觀眾	有倫理的工作並不重要
保守態度（參考限制）	車子很重要「權力象徵」
不被電視偶像所影響	幻想／逃避現實的
沒有品牌忠誠度	尋求被認同
同學所帶來的壓力（掌權者、兄弟會、校園領袖）	為今天而活的道德觀
找尋生活中的獨特性	被電視偶像所影響
選取安全的決定	難以捉摸的
可認同自我的高見識度物品	派對——女生——音樂
	憤世嫉俗的

4. 主要從事活動／休閒活動

大學	非大學
校內活動	酒吧舞會
派對	狩獵／釣魚
音樂（音樂會、唱片、磁帶）	機車／汽車運動
電影（高消費群）	電動遊戲
兄弟會（B. M. O. C. Big man on campus 俚語：自以為是的男大學生）	在家看電視
有限的交通能力	（MTV／搖滾錄影帶）
大學運動（觀眾）	觀眾運動（參考指數高的）
在距離接近場所的娛樂	基督教青年會（Y. M. C. A.）／體育館
照相	當地隊伍的參與者（如高爾夫、飛鏢遊戲、壘球、保齡球、籃球）
滑雪	
玩牌	
游泳	
網球	

大學	非大學

- 保齡球
- 重量訓練
- 划船
- 露營
- 跑步
- 壁球

選擇機會的準則

1. 迎合青少年的生活方式（參考上面所指出之相關資料）。
2. 獨特性的賽會。
3. 可以影響多數的年輕人，必須要是大型地區或國家型的活動。
4. 年輕人的比例為 1/3。
5. 音樂、音樂相關、喜劇方面的娛樂或活動。
6. 品牌優勢或擁有權的機會。
7. 有效率的花費，且完善的操作計畫。
8. 有趣且提供壓力宣洩的計畫。
9. 經由批發商的努力，計畫是可擴張的。
10. 交叉推銷的機會。
11. 在市場中提供一致性與連續性的賽會。
12. 影響年輕人居住的高密集區的酷爾斯啤酒市場。
13. 可以當作國家階層／地區廣告或消費者推廣機會的計畫。

練習題

　　此練習題可提供一個引導的方向，去完成一份贊助計畫書。其次，也包含尋找贊助的潛在性指標。完成這些步驟，就等於完成一份贊助計畫書的準備步驟。

1. 彙編與你有生意往來的公司名單。

2. 經由各式各樣的資料來源（例如報紙、雜誌等），來確認對運動有興趣或有關聯性的公司。

3. 列舉從商會研究資料所找到之特定的候選公司。

4. 指出從黃頁廣告電話簿或從商業區開車，逛一逛所找到的特定公司。

5. 明確說明與每個潛在贊助商最可行性的接觸方式。

第三章
確認贊助商的需求

本 章 大 綱

- 導 論
- 贊助的原理
- 公司對贊助商評量
  的準則
- 活化贊助
- 交叉推銷

- 公益贊助
- 基層（社區基準）
  的贊助
- 最佳案例
- 參考文獻
- 練習題

 導論

　　如同第一章所言，在運動產業中，行銷是基於贊助者與運動組織雙方互換利益的理論。在第三章中，則談到公司對贊助的需求。任何公司典型的需求，就是希望經由顯現自己公司的競爭性優點，來區別自我與競爭者公司的不同。一個成功的運動贊助，即是一個有效率地創造與維持公司競爭性優點的機制（Amis, Pant, & Slack, 1997）。

 贊助的原理

　　根據 AT & T 廣告與溝通副總表示：「這已經不是一個公司總裁可以任意決定他們最喜歡的運動為贊助活動的世界。贊助合約的簽定也是一種公司

的決策，就像是公司內其他案件的決策，需要經過利益與損失的評估。」
（Graham, 1998, p. 34）這種概念也被 Michael Payne（前國際奧委會的行銷
經理）所強調，Michael Payne 說：「公司的老闆需要向他們的股東解釋公
司行銷贊助的原因，而不能以類似贊助奧運就是對公司好的理由來贊助，老
闆們必須以強而有力的證據來證明贊助的益處。」（Keeping the Olympics,
1997, p. 32）也許對於贊助者尋求跟運動組織最好的關係已被 Lopiano 說明
（Cited in Reynolds, 1998, p. 30）：「贊助必須要衡量相配適當的人口與心
理目標市場的能力、接觸適當案件決策者的能力，及協助推銷產品或服務的
能力之基礎表現。」知名的贊助專家 Kim-Skildum-Reid（2008a, p. 8）做了
最佳的總結：「不要自抬身價，贊助商不是想跟你合作而是想對其目標市場
下手。所以停止行銷你的需求、你的數據及非現實性的提案。」她同時在其
部落格中提到：「行銷人員要確實地說明，如何能夠建立目標市場的連結管
道，而不只在其目標市場露面而已。」

公司對贊助商評量的準則

根據 Ukman（2004a, p. vii）：「與贊助任何法人的四個任何的贊助商
交談，你會發現，雖然他們贊助相同的法人，但是他們使用不同的贊助合約
去完成不同的公司目標。」例如銀行可能對新客戶的增加與企業對企業關係
的建立感興趣；汽車贊助商，則是對展示新車與跑道地板的壽命有興趣。關
於贊助商所用來評量好的贊助提案的標準，已經廣泛地在文獻中被討論。許
多公司已經建立出明確的評定準則；但是許多公司還是採取主觀式的判斷。

也許公司對於贊助的評定準則，最有廣泛研究的是 Irwin、Assimako-
poulos 和 Sutton's（1994）。他們對於贊助最開始的研究，發展出一套可以
被公司用來評定贊助提案的模式。他們的模式提供了許多評量因素，公司
可以利用這些評量因素來比較所有贊助提案的優缺點。這些評量因素如下
（Irwin, Assimakopoulos, & Sutton, 1994, p. 59）：

⚽ 預算的考量		⚽ 賽會管理
⚽ 可負擔性		⚽ 賽會內容
⚽ 稅金的獲利		⚽ 組織委員會
⚽ 定位／形象		⚽ 媒體曝光的保證
⚽ 運動產品形象的合適性		⚽ 法律狀況
⚽ 產品使用性的合適性		⚽ 政府協會的地位
⚽ 形象與目標的合適性		⚽ 行銷商的檔案
⚽ 市場的鎖定		⚽ 整合性的傳播
⚽ 媒體報導的延展性		⚽ 延伸的觀眾
⚽ 間接觀眾		⚽ 公共關係／名聲
⚽ 競爭性的考量		⚽ 推銷銷售
⚽ 競爭的利益		⚽ 個人的銷售
⚽ 避免伏擊行銷		⚽ 策略
⚽ 參與的層級		⚽ 贊助的類型
⚽ 冠名權贊助		⚽ 已成立
⚽ 主要贊助商		⚽ 新成立
⚽ 合夥贊助商		⚽ 隊伍
⚽ 商品贊助商		⚽ 聯盟／錦標賽
⚽ 獨家性		⚽ 賽會
⚽ 長期性參與的		⚽ 場館
⚽ 一次性參與的		

此後，有些研究開始測驗這個模式的效度。研究發現，這些因素的重要性如以下的排列：運動形象與產品／服務的形象之合適度、目標市場的合適度、可延伸觀眾之人口統計資料、間接觀眾之人口統計資料合適度、放置招牌的機會（Irwin, Assimakopoulos, & Sutton, 1994）。在 Thwaites 和 Aguilar Manjarrez（1997）的研究中發現，社區參與和公司形象的增進，在排名方面也很高。他們的研究也發現公司的待客與建立交易關係的機會，在公司尋求運動贊助時，也被認為是重要的因素。但是，很多研究顯示，市場導向的目標，例如：增加市場分配率、新客戶的獲得、新產品的知名度、現場的銷售，也都被當作重要的因素（Copeland, Frisby, & McCarville, 1996;

Irwin & Sutton, 1994; Kuzma, Shanklin, & McCally, 1993）。Stotlar（1999）
與 Seaver（2004）的研究，針對 50 個美國具有領導地位的運動贊助商的研
究顯現，銷售與特別市場的目標，在行銷合作裡占有很重要的地位。以下
的能力指標是公司總裁按照各指標的重要性所排列：（1）創造新的客戶；
（2）可計算的銷售增加；（3）符合現今市場策略。Ukman（2008）認為
最重要的五個贊助目標如下：（1）增加品牌忠誠度；（2）增加知名度；
（3）改變／增強形象；（4）增加零售。關於這些論點，在產業上有明顯
的認同。以下是許多產業導向的例子。

　　銳步公司（Reebok）對於運動贊助所期盼的因子，為現場與當地零售
商的銷售活動、產品曝光與新產品的試用、國內客戶代表的推銷、銳步運動
員的講授、簽名會、安排好的記者招待會、跑道招牌與旗幟、國內網路報
導、待客／VIP 之住宿招待（Rohm, 1997）。對於運動贊助參與有好一段時
間的富豪汽車（Volvo），提出會影響贊助決議意見形成的因素。由於多次
的網球贊助參加與退出經驗，他們覺得大型的投資比小型的投資來得好。
「大型投資可帶給公司更多的品牌名稱曝光，且相對於投資許多小型投資省
下更多的麻煩。」（Volvo and Sport Sponsorship, 1990, p. 5）它們的投資哲
學同時指出，連續 5 至 10 年的長期投資，可帶給公司更多利益。

　　對於運動組織而言，配合贊助者的市場目標去建立適合的人口統計資料
（吸引合適的參與者／觀眾），是一件基本的準則。例如舷外引擎的製造商
愛文努得贊助了許多釣魚的巡迴賽。其銷售與行銷副總說：「我可以藉由此
機會在對垂釣有熱忱者的面前說，垂釣者在我們的市場是占有非常重要的一
席。」（"Evinrude renews", 2004）

　　經濟因素在贊助商——賽會的配對，也是一項重要的元素。投資公司
查爾斯‧施瓦布（Charles Schwab）簽訂了贊助職業高爾夫巡迴賽（PGA
Tour）的合約直到 2008 年。該公司不但可以經由待客計畫，娛樂高收入的
客戶，也可以提供投資相關的服務給 PGA 的選手與員工。這種配對比他們
贊助極限運動來得有效果，因為極限運動的運動迷與參與者擁有較少的資金
去投資。贊助極限運動的公司通常會期待可以抓到一些迷惑的年輕消費者，
影響他們一輩子的品牌忠誠度。年紀是贊助商有興趣的一項人口統計變項，
性別則是另一項重要的變項。當部分公司顯著地專注於男性的變項，「有些

公司卻正在喚醒女性市場的力量」（Reynolds, 1998, p. 30）。因此在單一變項中，選擇與贊助者合適的配對是相當重要的。

　　談到人口統計資料，運動行銷者應該要知道如何向贊助商敘述他們如何從這項成分中獲得利益。舉例說明，勸服贊助者賽會的人口組成與公司的目標市場的人口組成是互相配合的，這是向贊助商敘述他們如何從這項成分得到利益的第一步。運動行銷者可以提供顧客的資料庫給贊助商所使用，贊助商擁有目標市場的資料後，便可採取直接郵寄的銷售方式。美國運動傷害防護協會讓他們的贊助商有途徑去接觸該協會 2 個月 2 萬封的電子郵件，並且提出：「如果贊助者要傳遞訊息，我們要求他們使用我們提供的溝通方式。」（"Five Key Factors", 2004, p. 3）當 AT & T 電信、香吉士和王牌五金贊助小聯盟棒球，他們不但獲得巡迴賽的招牌擺放與其他的推銷機會，他們還能得到接觸小聯盟棒球資料庫的方法（Lefton, 2003）。這項機會讓贊助小聯盟棒球的贊助商，可以將廣告的訊息直接寄給這 300 萬名小聯盟球員。

　　對於這些行為所帶來對於青少年運動過度商業化的影響，已經開始有嚴重強烈的抗議出現。為了減少類似的抗議，美國青年足球協會替代贊助商執行了直接郵寄的動作，如此美國青年足球協會就可過濾過度商業性的資料（Johnson, 1998; Dunn, 2004）。雖然可以採用運動組織的資料檔案讓贊助提案變得更吸引人，但是道德規範上，各運動組織應該限制贊助商只能使用已經同意接受類似信件的成年人資料。要謹記，該個人資料是屬於他們私人的，而不是行銷人員。

　　了解影響消費者的心理變項──態度、信仰、消費者的感受，對於公司參與贊助也是非常重要的。關於這方面，美國軍隊非常積極地參與各式各樣的比賽。他們贊助美國改裝汽車協會（NHRA）和全國運動汽車競賽協會的賽車。這兩項賽會的運動迷心理變項檔案、建立與悍馬（Hummers）、坦克、攀岩壁展示的能力，進一步地增加美國軍隊吸引新兵的能力。美國陸軍也贊助橄欖球，在心理上建立與橄欖球員的連結。另一項有趣的組合是手槍製造商（Smith & Wesson），贊助全國運動汽車競賽協會車隊與車手的案例。

　　忠誠度的模式對於贊助商也是非常重要的。「資料顯示，大約有 73%的全國運動汽車競賽協會賽車迷，選擇全國運動汽車競賽協會贊助商所生

產之產品勝過其他的產品。」（King, 1998, p. 9）在 2004 年，資料顯示全國運動汽車競賽協會的賽車迷，比較喜歡購買全國運動汽車競賽協會贊助商之產品，喜歡程度足足勝過非贊助商所生產之類似產品的 3 倍（Drehs, 2004）。Pitts（2003）也在同性戀運動會贊助商的研究中，發現高的消費者忠誠度，並判定 68% 的同性戀運動會參與者認識誰是該運動會之贊助商，且 74% 的出席者傾向購買贊助商的產品。男女同性戀的市場占了 220 億美元的運動市場。

如同一位作者所言：「理論上將錢用來贊助運動賽會，只獲得廣告牌懸掛在運動賽會中的機會，這樣就結束贊助的活動，這種情形是可能發生的，但是任何組織只將贊助的功能限制在這方面上，這種行為是愚蠢的。」（Hagstrom, 1998, p. 51）Poole（2007, p. 16）提到：贊助的夥伴關係並不只是掛掛廣告看板而已，而是對於贊助商產生的價值同時提升整體賽會的經驗。贊助專家 Kim Skildum-Reid（2008b, p. 7）也說：「我不是要你拋棄廣告看板，不要再談它了，因為你花越多時間在標示到底有多大或是看板要放那裡，那麼你聚焦在贊助的策略層面就越不足。」贊助者應該還可以利用經由運動贊助所獲得的各種其他利益。對於這方面相關的補充研究，我們可以從一些例子中看到，公司所強調的一些普遍目標為：知名度、形象、銷售、待客機會、士氣的鼓舞等。

◆ 知名度目標

了解有關知名度的贊助原理，可以發現它與電視有很大的關聯。Ehrlich（1998）提出一個問題：「為什麼 20 個世界盃足球賽的官方贊助商與供應商想要參與這項贊助？不只是因為可以在 250 萬個門票擁有者面前曝光，還可以在不斷增加的 36 億個電視觀眾面前曝光。」（p. 26）PGA 高爾夫巡迴賽中，「老虎旋風」有其威力，如果老虎伍茲參加賽會，可以增加收視率達 21%，或是有 200 萬人觀看（Bloom, 2008）。

關於運動贊助，有一個非常重要的觀點，即是未來幾年的全球化。在世界的經濟中，公司可能會發現，很難與辛巴威或中國的消費者溝通，但是運動行銷可以協助將這些已存在的障礙去除。以奧林匹克運動會世界級的贊助商優比速快遞（UPS）為例，UPS 視 2008 年北京奧林匹克運動會贊助計畫為擴展國際業務的機會，並且希望藉由未來的商業交易來獲利。很多公司也

因為成功的國際體育活動而獲利，例如 NBA 的例子，它不僅僅只做美國的生意，它的品牌有高水準的全球識別性，但日益增加的國際球員百分比，使 NBA 的國際球員讓他們的簽約金也越來越有價值。優比速（UPS）也利用姚明、易建聯的受歡迎程度，擴展北京奧運以及中國籃球協會的贊助活動而受益。另一個有趣的贊助是羅賽塔石碑語言學習公司，它在 2008 年聘請具有全球影響力的奧運金牌得主飛魚費爾普斯，擔任該語言學習公司發言人，並且學習中文。

　　相對而言，少有消費者知道贊助商的產品或是公司，則以知名度為贊助目標就變成很有效率。但是對於可口可樂這種知名公司，作用就不大。可口可樂的資深商業管理者 John Cordova（1996）將賽會招牌視為「壁紙」。在 1980 年代時，可口可樂的廣告座右銘為：「如果它是原地不動的，把它畫為紅色；如果它是移動的，贊助它。」這種「到處都是」的策略，已經被「活化消費者的活動」所代替。除此之外，他們內部對於體育館招牌的研究指出，這不是一個可以提升銷售的方法。可口可樂發現，龐大的贊助費用，不足以靠體育館內的產品銷售來換得足夠的回收。除此，甚至體育館內的飲料銷售，也只帶來微薄的利益。可口可樂對於運動經銷商所收取的高費用感到令人匪夷所思，並且開始責備他們（Cordova, 1996）。美國美樂啤酒的運動行銷主管同樣發出類似的聲音，他說：「我們的策略不單只是考慮我們可以獲得多少的招牌，能見度對於我們不是很重要。大家都知道誰是美樂啤酒，我們所需的是存貨的銷售，只有銷售才可以讓這個品牌活躍。」（Lauletta, 2003, p. 8）

　　另外一個視知名度為微薄價值的人為前耐吉行銷副總 Steve Miller，他指出耐吉不將他們的商標曝光率視為評鑑贊助的一環。他相信，如果人們在贊助之前不認識 Swoosh（意指耐吉的商標），他們永遠不去了解。至於大學的贊助，耐吉對他們的零售合夥商可以賣出多少的產品比較有興趣。從耐吉贊助銷售量第一名的大學品牌──密西根大學的案件中，我們可以得到證明（2008 年已經被愛迪達所取代）。當耐吉確認了美國空軍學校的運動贊助權，耐吉對於該校的足球電視轉播比賽與該賽會的曝光並不感到興趣，他們有興趣的地方在於美國空軍學校顧客中心的產品銷售，每年高達 500 萬美元，在這顧客中心有 33% 的產品來自耐吉。總而言之，運動行銷總裁

Amshay 和 Brian（1998）對於這方面的議題做一個總結：「曝光率是有一定的價值，但是它被過分高估了。」（p. 23）

◆ 形象目標

公司的形象就是消費者對於公司與其產品的信仰、概念及印象的總結合（Ries & Trout, 1986）。依據這個概念，研究指出運動贊助可以協助改善公司形象的功能，但是它不能改變一個公司固有的形象。Skildum-Reid（2008a, p. 5）說：「資產本身若沒有真實的價值存在，就無法由贊助獲得形象。贊助只能支持、擴張及強化原有的屬性。」在 Kmart 公司企圖占領各 PGA 高爾夫球比賽的贊助權，來提高公司的形象一例中，我們可以發現這個策略不是很成功。優客（Hugo Boss）與臺維斯盃（Davis Cup）繼續簽訂 2008 年到 2012 年的贊助計劃。根據優客的傳播主管 Philipp Wolff 指出：「網球的形象完美地表達優客所蘊涵優雅的品質、成功和世界性的內涵。」

這種情況可在各式各樣的贊助案件中發現。勞力士手錶（Rolex）不會贊助牛仔賽會；藍哥牛仔褲（Wrangler Jeans）不會贊助快艇。McDonald（1998）的研究支持，運動的形象與公司的形象如果契合，會帶來許多的利益。他的研究確認，如果運動與公司的形象有高度的一致性，贊助會發揮它更大的效能。環繞著他的評量知覺合適度之概念包含「精緻的」、「粗俗的」、「刺激的」、「健康的」等詞。他的研究總結，運動賽會與贊助的公司如果有好的知覺性的契合，對於贊助商才有助於增加其品牌的資產。

在 Motion、Leitch 和 Brodie 所提供的例子中，愛迪達贊助紐西蘭橄欖球協會國家橄欖球隊的贊助案簡介中。在這贊助案件之後，麥當勞所提出的企劃案，該隊伍主要的特性被認定為具有活力、陽剛的、奉獻、團隊、紐西蘭、傳統、鼓舞人心的（Motion et al., 2003, 1087）。當愛迪達評量有潛力的拍檔時，愛迪達會研究這些拍檔的組成成分或他們參加運動的作風，尋找是否擁有 2 個或 3 個與其品牌相配的價值，「傳統」與「紐西蘭」的價值與愛迪達「可靠」的價值是相匹配的（Motion et al., 2003, p. 1087）。作者總結：「愛迪達與紐西蘭國家橄欖球隊品牌的價值是相容的，並且連接在重要的基礎上。」（Motion et al., 2003, p. 1090）

◆ 銷售目標

銷售目標應包含例如提高某品牌的銷售層級，與提供人們有機會去試用產品。在大部分有關公司準則的研究中，銷售因素在公司尋找參與運動贊助時，他的重要性幾乎是所有尋求贊助商考慮準則排名第一（Stotlar, 1999）。酷爾斯行銷副總裁 Streve Saunders（1996）說當酷爾斯考慮贊助運動贊助時：「可以賣啤酒嗎？」是最基本的需求。酷爾斯和科羅拉多洛磯（Colorado Rockies）棒球隊的關係，就可以解釋以上的論點。在酷爾斯球場內，酷爾斯擁有小型的啤酒製造廠，從這間製造廠，酷爾斯可以直接裝罐，並在球場與一般市場銷售這種特別的啤酒。酷爾斯同時也在 81 場主場比賽與其他比賽中銷售大量的啤酒。這種情形，也發生在相同產業的百威英博釀酒公司（Anheuser-Busch），其運動行銷副總 Tony Ponturo（2002）說：「我們的目標不是成為贊助者，我們的目標是銷售我們的產品。」

評估於酷爾斯的投資價值時，Saunders（1996）補充說明，使用「計分法」的日子已經過了。他所言的「計分法」，即是在前幾年酷爾斯使用一個方程式去計算體育館內的招牌總價值 X 元、飲料銷售權總價值多少錢、每一個映像總價值 X 元（他們確實使用每一個觀眾值 0.5 美元）、賽會的命名權值 X 元。就 Saunders 的論點，在 1990 年代後的公司評論方式，將依靠賽會的現場銷售啤酒能力、增加市場占有率的能力，及經由批發商所提供的直接產品利益能力而定。

對於投入於零售銷售的許多公司，來客數就等於增加銷售量。因此，美國視障運動員協會與溫蒂漢堡（Wendy's）餐廳有一個非常成功的協定，叫作運動夥伴（SportMates）計畫。經由這個贊助關係，溫蒂將每一個特定套餐的銷售捐給美國視障運動員協會。這個推銷計畫，讓科羅拉多的溫蒂漢堡單月增加 34.5% 的銷售量，並為美國視障運動員協會募得了 25,000 美元。在另一個案例中，賓士公司贊助一個高水準的網球巡迴賽（ATP），單銷售給巡迴賽的球員，就已經有 150 輛車。他們同時在巡迴賽的主辦城市提供促銷的活動，因此造就了來客數和試駕，這些組合都證明賓士公司的成功策略。

愛迪達與在聖安卓球場（St. Andrews Scotland）舉辦的皇家古典高爾夫球賽（Royal & Ancient Golf Course）簽訂合約為官方的供應商。愛迪達不但提供在賽會工作的所有員工衣服，它同時擁有在專業高爾夫專賣店的獨家

銷售權。雖然數量不是很多，但是這可被輕鬆地預料會有多的遊客，購買高爾夫球發源地的服裝，帶回家當作紀念品。相同地，漢氏（Hanes）的運動服裝品牌冠軍（Champion）與迪士尼綜合運動園區簽訂冠名權贊助合約，主要著眼於園區內，迪士尼樂園及渡假區的服裝獨家銷售權。

產品試用也是贊助的一項有效用工具，它可以協助贊助者吸引潛在的消費者。美國游泳協會與嬌生公司（Johnson & Johnson's Sundown）防曬產品就可以成為適合的例子來說明上面的概念。他們的贊助合約提供嬌生公司機會，在當地的游泳聚會中，將它們試用的防曬產品提供給超過 2,000 個當地的游泳俱樂部試用。這個符合公司一項最重要的目標，將產品送到最可能成為消費者的手中。誰能比年輕的游泳選手與他們的家人更適合成為消費者呢？

產品的試用會讓潛在客戶對產品帶來極大的興趣，會讓整體的銷售量提升。同時也可藉此機會建立顧客的忠誠度，並在最少的費用下提供公司可靠的產品回饋。

以服務為產品的公司，也能經由運動贊助獲得銷售量的提升。新英格蘭保險與投資公司只著重於職業網球巡迴賽 AT & T 挑戰賽的參與。結果他們對賽會的 5 萬美元贊助金，就讓他們獲得 2,500 個客源與超過 20 萬美元的保險費銷售。在這裡，贊助策略視有效的銷售目標為主要的指標。此外，另一個運動總裁也評論：「焦點不應該完全在曝光率，銷售的驅動力是比較重要的。」（Seaver, 1996, p. 33）根據最近的一項產業調查，一位贊助者引述：「這相當簡單。我們最終要做的，就是銷售我們的產品。旗幟上的廣告，並不是我們主要的目標。對任何的參與，都需有賣出一些東西的管道。」（Seaver, 2004, p. 17）一位贊助主管說：「我們不再只滿足於增加形象；給我們現場銷售的機會、銷售商合作的機會等，我們就會考慮參與計畫。」（Seaver, 1996, p. 34）

因此，運動組織與贊助者的關係已經演化成強調「投資利潤」（return on investment, ROI）。全球奧林匹克贊助商奇異公司（GE）藉由與 2008 年北京奧運會的贊助，在前兩年的合約中，確保了 1.53 億美元的建築與公共建設案。Irwin 和 Sutton（1994）有關於公司贊助準則的研究發現市場趨向的目標，例如增加銷售量與市場占有率，都是公司在贊助時會優先考慮的準

則。在 1990 年代，其間的賽會擁有者與贊助商，採取了可計算的價值評估方式，取代了其他的評估方式，並成為主要的一種策略。

Seaver（2004）的產業調查支持這個轉變策略，在他的研究中提出：「一個有能力將可以量化的銷售成績，真正轉入地區的零售商的計畫。」（76% 將銷售量視為極重要的準則，20% 宣稱為重要的準則）在挑選贊助時，是排名第一重要的準則。（Xerox）在他們的奧林匹克贊助活動中，私人化這項概念。他們細心地追溯他們的銷售紀錄，在這紀錄中顯示有關 35,000 筆的來源與超過 6,000 份直接有助於他們奧林匹克策略與市場活化運動的銷售資料（Stotlar, 1997）。

當銳步公司評量路跑的贊助時，他們強調銷售方面的需求。他們將可以在此場產地銷售產品的賽會或包含當地銳步公司零售商參加的運動賽會，視為優先選擇。在另一個例子中，贊助許多鱸魚釣魚巡迴賽的 Ranger Fishing Boats 總裁表示，贊助的功能不是只有傳送百萬的訊息；重要的是將訊息傳達給在未來 12 個月將購買 1 艘 2 萬美元船的某人。簡單地說，就是需要幫助贊助商銷售更多的產品。可口可樂 的 Cordova 說：「可以將可口可樂送至 12 歲青少年的手中的銷售案帶給我，我們就可以開始談贊助案。」（Cordova, 1996）

可口可樂與百事可樂已經與各公、私學校單位完成無數的贊助合約。在百事與在科羅拉多的傑弗遜郡學區（Jefferson County School District）的關係中，百事除了在傑弗遜郡的學校有獨家的販賣機銷售飲料權之外，它在傑弗遜郡的 59 家學校與 10 家學校的巴士上放置他的招牌。至於傑弗遜郡的學校，每一間高中收到 25,000 美元；每一間國中 15,000 美元；每一間小學獲得 3,000 美元。雖然部分的社區成員反對這項協議，他們覺得在學校不應該太商業化，但是大部分的市民支持這項贊助。

◆ 招待目標

贊助商需要利用場地與賽會來招待有潛力的客戶，以及增加公司與公司間的關係。多年來，運動賽會提供這種機會來辦理這類的招待活動。全國運動汽車競賽協會長久以來，就是一個成功經由招待活動來維持受歡迎程度的運動。首先，藉由贊助套裝，全部的賽車場提供公司特別來賓包廂的服務。在達靈頓國際賽車道（Darlington International Raceway），特別來賓

包廂價值 20 萬美元，並吸引了像州際電池（Interstate Batteries）、百事可樂和杜邦這種公司。贊助傑夫高登的賽車手的杜邦公司，在一次賽會中招待 2,000 名顧客、雇員及合夥人，並帶他們參觀賽車修理站、提供他們美好的餐飲，並在他們前往包廂欣賞比賽前，帶他們去拜訪高登。在殖民地高爾夫球巡迴賽，贊助商美國銀行帶他們前 1,000 名頂級客戶至他們第 13 洞的包廂，並邀請 40 個 VIPs（所謂的「高價值」的客戶）在巡迴賽結束後的一天在球場上打球，藉此來延長他們停留的時間。同樣的策略可在美國盃帆船賽中看見，當招待會開始時，某些贊助商僱用船艇前往航行比賽場地。待客機會可是不便宜的，在 2005 年的 Pinehurst 美國高爾夫公開賽，一個在贊助區可容納 50 人的招待帳篷起價 10 萬美元，一個更精緻的俱樂部位置更高達 75 萬美元。這些價錢通常不包含任何食物或飲料的服務，只有提供招待的地方。

招待機會通常被用來當作一種「公司對公司」的行銷策略。公司可以藉由這種機會來培養與優良客戶的關係。這就是公司所指的影響力與企業所稱的創造「人際網絡」位置。康柏（Compaq）電腦公司，使用它們的贊助來發展與別家公司的關係，並影響國內頂尖電腦產業公司的意見決策者。根據康柏的前贊助經理 Ethan Green 指出，電腦產業意見決策者的賽會參與，是公司決定是否參與贊助的重要條件之一。公司對於影響購買低階的消費者較不感興趣，他們感興趣的是那些可以幫大公司決定購買電腦、網路、影印機意見的人（Green, 2002）。在 2003 年，美國銀行利用贊助殖民地高爾夫巡迴賽來改善與它的重要客戶的關係。它們創造了「哈根小巷」（Hogan's Alley），它就像是一個附有交談地點、食物、娛樂的優質鄉村俱樂部。研究指出，73% 的參與者認為，這是他們參加過最好的一個公司招待會。更重要的是，84% 的人說，這個招待方法讓他們與公司有更好的關係。聯邦快遞利用它們與國家美式足球聯盟的關係，在沒比賽時的體育館內提供了招待會。這些招待會利用球隊的吸引力來提供一個好的銷售環境。它們同時提供一個普通球迷購買不到的經驗給聯邦快遞。「在最好狀態下的招待服務，就是絕佳的贊助與行銷，因為它讓公司完成了許多的目標。」（Migala, 2004a）

◆ 員工士氣提升的目標

強化員工士氣的方法之一，就是讓有名的運動員與公司的事務產生關聯。德州石油（Texaco）長久以來都與賽車手馬利歐‧安祖提（Mario Andretti）有很好的關係，德州石油邀請安祖提在無數的公司會議擔任演講者，來提升員工工作的動機。在演講後，安祖提將會替員工簽名，並與員工深入地討論認眞工作與專注力的重要性。相同地，在亞特蘭大奧運時，Xerox 邀請 1996 年十項運動的金牌得主丹‧歐布萊恩（Dan O'Brien）爲公司的演講人。他的行爲不但鼓舞員工們工作，並且提供員工動機去看比賽，並爲他加油。

威士卡（VISA）也成功地利用奧林匹克的贊助來建立公司內的團隊精神。它們所用的其中一個技巧，就是準備公司所有的員工有奧林匹克標誌的高爾夫球衣。在奧林匹克的準備期，因爲衣服的高需求，公司向廠商再訂 5 次衣服。在另外一個奧林匹克的贊助例子中，美國約翰漢克保險公司（John Hancock Insurance）利用對奧林匹克比賽的贊助，來提升員工工作的動機。員工對於贏得觀看亞特蘭大奧運會比賽的旅遊機會，有很好的回應。公司在 1995 年時，收入提升了 50%；而在 1996 年時，收入提升了 35%（Kennet, Sneath, & Erdmann, 1998）。

◆ 其他贊助商贊助的目標

當公司考慮是否要贊助時，所要考慮的其他標準包含其他現有的贊助商與產品的混合性、公司與其他贊助商的關係、體育館內的招牌、出入口位置、布置處所，與 VIP 接觸的可能性。有關百威英博公司（Anheuser-Busch）對於贊助的需求大綱在表 3-1 中呈現。

賽會的次數與地理位置，也都是贊助商考慮贊助的關鍵因素。國際賽會公司（International Events Group）說明了國家賽會與地區性賽會的相異點，Ukman（2004b）指出，被稱爲一個全國性的賽會，贊助的影響力必須可以影響 15 個主要市場。否則，它也只能被定義爲地區性的賽會。擁有國內或國際銷售管道的大型公司，總是對大盤商的合作有很大的興趣。這典型地跟當地批發商擁有的特別暢銷的能力、現場展示的能力、可能的合作廣告的能力有關聯。關於銷售的潛力，往往也都是部分公司同意贊助的原因。

表 3-1　百威英博釀酒公司運動贊助的評估	
季票	a.贈品　b.折價　c.全價
訂位票（位置較好）	a.贈品　b.折價　c.全價
一般票	a.贈品　b.折價　c.全價　d.慈善使用　e.得分板的提名表揚　f.邀請票
體育館特別之夜	a.免費票　b.特別會議空間　c.紀念品／手冊　d.投球儀式
時況轉播	a.轉播開端　b.中間插入　c.現場廣播　d.特別推銷運動活動　e.不收費　f.收費（數目）　g.廣播外的重播（電視或非電視）
年冊／新聞導覽／賽程表／得分板廣告	a.贈品　b.折價　c.全價　d.贈品的數量
比賽場地的招牌	a.可行的　b.數目　c.贈送　d.另外估價（數目）
特別項目	a.VIP 房的使用　b.高級包廂的使用　c.聯盟／新聞的許可證　d.停車許可證　e.購買票的選擇　f.重點影片的使用　g.產品音樂的使用　h.商品販賣　i.商品試用機會
在體育館得分板／大眾廣播的曝光	a.印刷品　b.印刷品及表演　c.每場次數　d.贈送的項目　e.折扣
賽會的參與者	a.賽前　b.中場休息　c.現場　d.頒獎出席

美樂釀造公司開始在全國運動汽車競賽協會賽車比賽場販賣複製夾克與衣服。它們不但從產品獲得巨大的利益、增加了能見度，並延伸除了在比賽幾天對當地社區的影響力。優比速在 Dale Jarrett's 全國運動汽車競賽協會隊伍的贊助，在短短的第一個月，獲得了超過 5 億美元印有優比速的產品銷售。

 活化贊助

輔助贊助的相關活動，不能被忽視。贊助商需要用有意義的方式與每一個觀眾溝通，隨便將標誌或贊助商的商標放在比賽裡，贊助目標並不會因此而達成。可口可樂利用奧林匹克的贊助，藉由奧林匹克聖火的傳遞活動，達到了與社區接觸的目標。當地的可口可樂瓶裝商，在聖火傳遞跑者的提名活動中，使每一個社區都參與這個活動。在 2008 年，也就是第一次聖火的國際傳遞年，可口可樂活化了贊助至中國、非洲與聖火所到的國家。雖然聖火

的傳遞因爲中國對於西藏獨立的立場，導致世界各地的抗議事件，然而對於當地的效果卻是成功的。

　　州農保險公司（State Farm Insurance）也成功地活化了與美國大學體育總會的合作活動。在「球迷體驗」活動中展示了美國大學體育總會的賽會及校園。Liberman 說：「州農保險公司期待接觸到大學生，以使未來當他們成爲頂尖人物時，能在保險事務上做有利的決定。」

　　當可口可樂用它的勁力（PowerAde）品牌接管美國改裝汽車協會（National Hot Rod Association, NHRA）的贊助時，可口可樂用了別種的贊助活化策略。身爲賽會的冠名贊助商，可口可樂需要與比賽的運動迷有所接觸。可口可樂在田野調查與網路研究後，推出一種特別口味的運動飲料，名爲「NHRA 勁力」（NHRA PowerAde®）。

　　另一個與奧林匹克贊助有關的例子，VISA 經由會員銀行提供賭金全贏制的比賽，送贏得比賽的會員至奧運看比賽，因此成功地活化了它的信用卡使用。每一筆使用 VISA 信用卡的消費，都符合參與一次供賭金全贏制比賽的機會。在這 60 天的推銷活動裡，一個控制組的團體獲得了 300% 的收入增加（Staying ahead of the Games, 2004）。在亞特蘭大的特納球場（Turner field），一項與地區凌志（Lexus）銷售商的贊助提供凌志車主保留的停車位。BMW 也藉由提供 BMW 休旅車爲住房顧客的接駁車，來活化它們與美洲滑雪集團（American Ski Corporation）（7 個滑雪渡假村的擁有者）的贊助。這個活化計畫使 BMW 獲得了 15,000 次的顧客試駕。在層級更高的贊助活化活動裡，BMW 邀請 150 名的最佳顧客，至已付費的滑雪渡假。這讓 BMW 的消費者直接體驗到此項贊助所獲得的利益。在紐西蘭的穀類加工食品公司惠比斯（Weet-Bix）贊助了線上兒童認識國家橄欖球代表隊員的活動，這個活動大爲成功，也讓贊助商因這個活動而帶來與客戶直接的獲益（Skildum-Reid, 2008c）。

　　產業研究指出，很多的贊助商都沒有付足夠的錢來活化它們的贊助。行爲研究（2004）發現，70% 的贊助商對於活化贊助所花費的錢，少於所建議的 3 至 1 美元。2003 的產業平均花費爲 1.75 至 1 美元。萬事達卡（Master Card）的全球贊助與賽會行銷副總理 Bob Cramer 建議：

我們與越來越多的拍檔談到活化贊助。我們正對待活化贊助像對待存貨銷售一樣重視，法人也應該如此對待活化贊助。對於法人，這也許是一顆難嚥的藥丸，因爲這不單單只是它們可以在賽會爲我們做些甚麼，而是在市場爲我們做些努力（Migala, 2004c, p. 2）。

紐約市鐵人三項賽的贊助商傑納斯投資公司提到：「半數與我們合作的公司期待能夠建立自己的計畫，產生回報以及完全地應用。他們要我們付贊助費用，同時也依賴我們的所有活化贊助活動。在概念上這是正確的，但實際上卻不是如此。我們必須做得更多，以使工作更順利（Sponsors Identify, 2008, p. 1）。」

活化同時也包含使用橫跨整個企業的贊助。這被稱爲「整合」。Cordiner（2002, p. 15）提出：「爲了讓贊助活化發揮功效，品牌需要整合全部的企業贊助活動。品牌與運動法人的關係需要不斷地被滋養與發展，如此以贊助活化運動才可以眞的變得有功效。」鈄星汽車（Saturn）贊助亞歷桑那州立大學（Arizona State University）2003 年主場活動，就是一個整合的好例子。鈄星汽車不但獲得車子的展示機會、在全部運動賽會的招待區域，它同時也收到美式足球轉播的認可與從學生或校友而來的 12 萬 5 千封電子郵件的銷售機會（"University reaps", 2003）。另一個公司整合行銷活動的例子，可在本章節「最佳案例」的聯邦快遞例子中發現。

另一項剛展露的贊助活化方法，遵守了「體驗銷售」的市場趨勢。經由贊助關係，公司尋找方法將他們的產品與賽會劃上關係，並增加他們與賽會的體驗。「贊助商會在運動場上，尋找一個具有情緒高昂的高層參與者擁有他們主要市場觀眾的個人、賽會、俱樂部或組織。」（Cordiner, 2002, p. 14）進一步地，「贊助必須激發消費者對贊助商產品互動的動機——不管是碰觸它、使用它或與專家談論它等，讓他們在離開的時候，對產品有更深一層的了解。」（Product integration, 2004, p. 3）Green（2002）認定當康柏電腦對贊助審查時，整合是一項非常重要的考慮因素。如果運動法人不將康柏的電腦整合入賽會，康柏公司對贊助此賽會將毫無興趣。因此，休士頓馬拉松賽從贊助商現場的帳篷與經由他們的網站使用康柏的電腦，來追蹤跑道上跑者的方法，以穩固康柏電腦擔任此賽會的贊助商。這些體驗間接地增強消費者的購買意圖。融入這些方法可以增加利益，所以不可以冒險不做這

樣的整合。整合的範圍與層級，應該被正式化地註明合約內，以確認活動的成功。

　　另一個完美的整合例子是 Nextel（美國行動電話系統業者）2004 年到 2007 年對全國運動汽車競賽協會的贊助。Nextel 創立了車迷視訊系統（FanScan In-car Audio），這是一種無線的服務，在比賽中讓賽車迷聽到車手與他們的維修站之間的現場通信。「Nextel 贊助全國運動汽車競賽協會的主要原因，在於全國運動汽車競賽協會將藉由 Nextel 無線通信的中心能力，在比賽中讓賽車迷體驗到全國運動汽車競賽協會提供了此體驗，所以 Nextel 才願意參與這項活動。」（"Nextel launches", 2004）

 ## 交叉推銷

　　交叉推銷（Cross Promotion）是一種贊助商在贊助方面合作的能力。交叉推銷被註明為「當它們給予行銷者進入新的擴張通路的管道，並將推銷的費用平均分攤給多個拍檔，它們是最具有力量與最普遍的贊助活化方法之一。」（"Five Key Factors", 2004, p. 3）NASCAR 在 2004 年將 B-2-B 的贊助整合，以協助贊助商們能夠更緊密地結合，及充分合作以產生更合宜的招待及活化贊助策略。

　　國家冰上曲棍球聯盟鳳凰城野狼隊（Phoenix Coyotes）與可口可樂和 Fry's Grocery（美國連鎖零售商）一起合作。Fry's 是野狼隊最主要的贊助商，贊助各商店通路底端的控制權給野狼隊（每一個購物道的底端部分）。然而可口可樂極需要尾端通路的控制權，以吸引消費者來購買它們的產品。因此野狼隊安排了一項交易，在 Fry's 可以購買到門票與特別罐裝的可口可樂，且如果在 Fry's 購買每一張成人票，再加送一張免費的兒童票。此交叉式的推銷讓 Fry's 增加了來客數，也讓可口可樂增加了銷售，更讓野狼隊增加了門票銷售。可口可樂藉由將家得寶（Home Depot）車手的圖像放置在家得寶所有店的可口可樂販賣機上，來與全國運動汽車競賽協會的主要贊助商家得寶合作，藉此成功地交叉推銷它對全國運動汽車競賽協會的贊助。

　　野狼隊也與百威啤酒有交叉推銷的協定。這個協定提供了 18 輛百威啤酒的半拖車，在這 18 輛半拖車的車身上都擁有野狼隊的圖像。這些卡車一整天都在亞歷桑那州與新墨西哥州的百威啤酒銷售通道的路線上不斷地穿

梭，這給予野狼隊一個很大的推銷機會。

另外一個成功的交叉推銷例子是，全國運動汽車競賽協會與國家冰上曲棍球聯盟佛羅里達美洲豹於 2008 年的策略。他們成立「夥伴專用」之網站，建立所有與美洲豹有商業往來之夥伴連結管道，同時也共同為各自以及提升團隊的價值而努力（Talalay, 2008）。

在釣魚運動裡，許多的釣魚巡迴賽贊助商，將他們的產品包括船外馬達、釣魚船及漁船電池等，組裝在一起，稱為「終極釣魚套裝」，讓比賽的參與者與觀眾可以購買（"Evinrude renews", 2004）。在另一個交叉推銷的例子，奧林匹克贊助夥伴可口可樂說服他們所贊助的一個運動員——2004 奧運摔角選手 Shane Hamman，花一天的時間在另一個奧運贊助商 24 小時健身（24 Hour Fitness）的店內，與一名幸運的員工和一位贏得店內比賽的健身會員一起健身，24 小時健身公司則以推銷可口可樂的運動飲料勁力來作為回報。

紙上或電子新聞的報導種類與數量，同時也是吸引贊助商贊助的動機，贊助商也視媒體的報導為贊助所獲得的效能而進行贊助的行為。運動組織可以利用上一次賽會所蒐集到的資料（如果是新的賽會，可利用類似賽會的資料）去說服贊助商，經由這次的贊助計畫，可以為贊助商帶來充裕的媒體價值。這些資料可以包含出現在報紙專欄的尺寸，或出現在新聞、電視或廣播上有關賽會特別報導的時間。

比賽的時間在運動贊助也扮演一個非常重要的角色。航空公司持續地開發新的產品與服務到市場內。不斷增加的航線正使用運動贊助來推銷它的航行活動，例如攀岩與冒險旅遊。航空公司正納入新的城市為新的航行路線，對於將新的賽會在新的航點舉辦被證明對於航空公司是有助益的。因此，季節時間應該被確實檢視及運用才對。汽車商通常在秋天時展售新的車種。這跟美式足球開始的季節相符合，車商可利用這個機會在比賽中展示他們的新車。在另一個例子中，EAS 電腦遊戲製造者已經贊助茂伊籃球（Maui Invitational basketball）巡迴賽。這個巡迴賽以國家前幾名的大學隊伍為參加隊，而主辦的時間在 11 月份的購物季節開始為其特色。對於運動行銷者，他們可以利用這個比賽的特色來吸引一些正在尋求一個有效率的策略，以推銷新品牌或新公司。

　　對於有潛力的贊助商，賽會組織的委員會背景也是非常重要的。賽會組織應該是要有準備的，且可提供一份在其他活動中有穩定的財力紀錄證明。當贊助商考慮將他們的名字或公司身分與其他的單位連結時，他們會很小心地思考非常多的因素。因此，對於賽會組織的委員會，穩定度與專業度是重要的考量因素。

　　贊助商對於跟賽會有關的危機，也須抱著謹慎的態度對待。公共關係的潛在性災難，應該是要被容忍的。因為災難總是發生，甚至有些與天氣有關，但不管如何，賽會組織者應該都要先告訴贊助商哪些是潛在的危機。一個最特殊的例子說明了這一切。當道奇卡車參與雪橇狗比賽的贊助商行列，他們不知道動物權利主義分子，會製造出相當大的負面媒體報導與爭議，因而出現出負面的公共關係。在牛仔比賽中，同樣產生了類似的危機。職業牛仔協會對於這項可能的危機，提出了一項先發制人的策略來解除類似的爭議，他們發表了一本小冊子，內容主要在說明他們對這些動物的保護與對待方式，贊助商可利用這些東西來解釋他們對賽會贊助的行為。

　　有時候，贊助的種類也會製造出爭議。2004 年，德多納小熊隊（Daytona Cubs）（3A 的棒球隊）主持了一個喪禮贈品的活動，寫出球迷心目中理想喪禮的小文章的人，就可以獲得這個贈品。這個計畫被一家當地的殯儀館所贊助，但這個活動讓社區覺得非常沮喪，他們認為主辦單位不應該對死亡這樣地輕描淡寫（"Baseball's Cubs run free funeral promotion", 2004）。

公益贊助

　　讓運動贊助與流行的公益贊助產生聯繫，是運動行銷最重要的潮流之一。Muellner（1998）說明：「毫無疑問的，越來越多的公司想藉由公益的行為，來行銷他們的產品或服務。」（p. 8）當越仔細地觀察消費者的反應，參與公益行銷的行為原理就越容易了解。Irwin、Lackowitz、Cornwell 和 Clark（2003, p. 138）說明消費者對於與公益行銷（cause-related marketing）的相關合作被視為無價的與真誠的。他們發現，83% 的消費者對有參與公益行銷的公司，發展出高度的正面印象。在運動產業中，可以發現很多的這種例子。

在 1996 年，有一個賽會被舉辦來榮耀一位早期的大學籃球教練 Jim Valvano，並藉此賽會來籌備癌症研究的基金。這個大學籃球巡迴賽被命名為「教練 vs. 癌症」，並成功地籌得每年 100 萬美元的資金。另一個例子發生在 1995 年，泰瑞福克斯路跑（Terry Fox Run）為了與癌症抗爭來籌備基金。這個運動賽會已經在 53 個國家中舉辦過，並成為一個最活躍的公益行銷運動賽會。另外，「為照護而跑」（Race for the Cure）代表另一個非常有名的路跑賽會，這比賽每年在美國的許多社區舉辦，主要目標是為了籌募乳癌研究的基金。從比賽的第一年開始，「為照護而跑」到現在已經籌募了超過 5,000 萬美元的資金，大部分主辦地方還是在原本的社區舉辦。

「研究支持消費者對社會有貢獻的品牌比較有好感，這個概念是正確的。」（Muellner, 1998, p. 8）在 2004 年 *IEG* 的贊助報告中指出（Ukman, 2004c, p. 2）：「幾乎一半的美國人投入於某種形式的消費者活化」，當他們做購買的決定時，會參考他們所買產品的公司所做的社會行為。除此，「越富裕的消費者，與受教育越高的消費者，他們對於消費者行動主義參與越多。」他們的研究也顯示，當消費者購買東西時，有 78% 的消費者會向贊助公司購買東西，這些公司與他們所關心的有價值的動機具有關聯性。除此之外，66% 的消費者指出他們會更換品牌，62% 將會更換零售商，54% 說他們將會以多付（5-10%）的錢，來購買有提供重要公益活動的公司所生產之產品（Ukman, 1997, p. 2）。消費者相同地也被缺乏慈善計畫的公司所影響。超過 50% 的消費者，會杯葛不積極參與社會活動公司所生產的產品。儘管有許多的公益行銷的成功，對於公益行銷活動的執行，還是需要被注意。一位行銷總裁提出：「如果某些事情單純地是為了增加知名度而做，人們很容易就識破了，所有的做法都必須要以讓社會更好為出發點的動機來執行。」（Muellner, 1998, p. 8）

🏌 基層（社區基準）的贊助

相對於國家規模的贊助，基層的贊助則將行銷帶至當地的社區或地區。百事可樂為了適應多種文化的運動行銷，在 2004 年時修正了策略，他們選擇將贊助金額分布在許多與種族相關且被重視的小型賽會上（"Pepsi wants", 2004）。先前的研究已經指出，許多在國內的贊助選擇考慮因素，

與贊助基層運動的考慮因素一樣，特別是增加公司的曝光率與消費者的體認。基層運動贊助所帶來的另外優點，包含增加產品試用的可能性與雛型的測試，這些都是與消費者接觸的相關方法。Greenwald 和 Fernandez-Balboa 作者提出在基層運動贊助中，「公司正不斷地將錢投入基層運動組織裡，因為基層運動組織可以帶給公司更多的投資報酬。」（1998, p. 42）這些公司了解，在當地的環境與消費者進行溝通，比參與經由全國性的活動，更能夠說服他們。

　　一項有關於基層運動贊助的議題與當地的運動組織的專業化相關。這項考慮似乎有它的邏輯性，因為全國性的公司傾向較不放心將它們的品牌印象，交給自願者或沒有經過認可的當地組織所操控；相對而言，大型的運動組織或職業聯盟比較有這方面的能力。一位產業總裁評論：「有太多品質不好的賽會。也許一個賽會中有成千的小孩來參與，但是卻沒有媒體或公共關係。你付給一個人幾千塊錢去支持一個賽會，但你從來不知道結果會是如何。」（Joyce, 2003, p. 8）

　　當運動行銷者確實地考慮到贊助商的需求與目標，贊助商的需求可以是被激發熱情與回報。阿那罕姆運動公司（Anaheim Sports）的行銷經理提醒運動管理者，相對於之前，贊助商渴望它們的錢可以發揮更大的效能。他說：「我們不能只是將贊助商的廣告刊版掛上去，而是需要解決如何提升他們店內的銷售與服務的問題。」（Goldberg, 1998b）運動贊助顧問 Kim Skildum-Reid（2007）建議：「先在吹毛求疵的消費者前擦亮你的招牌，而不是以行銷的回報為依歸。」贊助商所用來評量贊助機會的整合準則，在公司與公司之間並不會有太大的差異。但是依據公司的行銷策略與現今的市場位置，他們所重視的準則並不相同。因此，試圖要發展行銷提案的運動行銷者，需要了解這些準則，並為這些贊助商量身製作提案。

最佳案例

◆ 聯邦快遞的贊助方案

　　除了在地區性與全國性的運動賽會有間接收入外，聯邦快遞已經在運動賽會中發展出一套整合的、可行的、可測量的，及可被使用的贊助組合模式。

　　這個方案不是靠價錢來分類的，而是按照目標來區分的。內部的團隊被區分為兩個主要互補的團隊，不是單打獨鬥。在戰術部分的贊助，進行不少於 5 個完全不同的方法。另一個團隊著重於企業間或企業對消費者間的商務，但是聯邦快遞必須要持續監控這兩項商務的進度。雖然主要市場還是在企業間的商務，公司還是必須在企業對消費者的商務世界裡，建立及確認它是無處不在的品牌，以維持領導者的地位。贊助管理經理 Kevin Demsky 說：「我們繼續提醒自己，我們不僅僅是贊助東西，我們需要說服消費者使用我們的服務。贊助只是一個管道，以幫助公司完成目標。」

　　這個管道在行銷機器內是一顆很重要的螺絲釘，在聯邦快遞與運動賽會簽訂的商務中，賽會法人所取得的收入、公司使用贊助來攻占新市場的策略方法，及維持在現有營運地區的曝光中，可獲得驗證。藉由贊助聯邦快遞滲透到新的地區，市場占有率比之前成長得更快。這些管道在行銷組合中占有重要的一席之地。

　　聯邦快遞對於賽會的贊助有以下 8 項規則：

1. 贊助效益並非相同

　　以下是公司希望藉由贊助來達成的五大目標：提升收入、提供特別的環境來招待消費者、提供銷售平台、創造員工的福利和品牌成長。

　　聯邦快遞的行銷者了解，很少的贊助可以在這五大目標內各獨得滿分。他們了解不是全部的法人都可以獨自完成這 5 項目標。因此，行銷者需要知道哪些贊助可以完成哪些目標，並設立一套贊助組合，來幫公司一起完成全部的公司贊助目標。聯邦快遞就建立了一組贊助組合，這一組贊助組合協助公司完成這五大目標。

2. 以目標來建構方案，並非價格

　　如果贊助效益並非被相等地建立，且只能完成 5 項目標的其中幾項，公司應將其分割入組合內，並互相比較其優缺點。根據聯邦快遞「不同的行銷傳送不同的利益，所以我們已經建立了一個獨特的架構，這架構可知道我們如何做出貢獻。」這個策略的架構是用來解釋不同的組合，用這個方法可以幫助公司對於表現進行分析與決策。聯邦快遞使用 5 個層級的組合架構，依目標（而非價錢）來分類贊助：

第五項：招待會

這種贊助製造了「專注的、私人的、延伸的」窗口，並提供了消費者與公司互動的機會。這種賽會可以幫助聯邦快遞與其他公司建立良好的關係，並更深入地了解有可能成為夥伴的公司。

第四項：故鄉的賽會

經由此種賽會的舉辦，聯邦快遞的家不只單單在匹茲堡曼菲斯聯邦快遞的總部；在俄亥俄州進行客戶服務的營運部門也會被重視。透過第四項的贊助讓聯邦快遞可以維持社區的能見度，進而影響該地區的經濟及社交活動。

第三項：主要市場目標

將贊助放置於可影響特定的地理區域或特定的人口統計目標。例如如果當地的行銷團隊決定他們要滲透丹佛地區的市場，該團隊需要建立一個強而有力的贊助計畫，讓那地區的交易量能夠提升。

第二項：連鎖供應商的活動

聯邦快遞整合所有與公司合作的法人機構，此整合實例可以讓消費者知道與聯邦快遞合作的公司，營運會更順利。直接的收入是聯邦快遞第二關心的利益，例如合作夥伴購買聯邦快遞的服務。

第一項：領導性的賽會

皇冠寶石在許多的管道中活化贊助，並使用全國性基礎的贊助來完成大部分的 5 項公司目標。我們對於這種賽會可以做的事情不多。這是一種在各種活化工具投資的類型，這種贊助協助了我們完成了大部分的目標。

在依靠目標而選擇贊助的系統內，運動賽會的大小就不是很重要。聯邦快遞研討會排於第四項，國家美式足球聯盟則排在第一項，聯邦快遞冠名的球場（曾經滲透到重要的華府地區市場）落於第三項。「這種結構讓我們可以量身製作我們的投資。不同的法人負有不同的期待，我們依據這 5 項目標來標準化我們的投資報酬率。」

3. 獨立評量

對待每一個不同的組織都需要不同的方案，也需要一個投資報酬系統來評量每一個單獨法人。

公司應準備使用測量指標工具，這種工具將可以依照法人的表現來計算特定的評分。「如果我們有一個分類模式來區分，沒有兩個贊助是完全相同的。那麼，進一步地，我們就需要一個可以給我們準確測量分數的工具，來區分是否賽會所呈現的結果和我們所期待的一樣。」

　　這種工具包含目標性的模式，用來評量贊助的分數，以及賽會是否遵循這個目標來進行。在這 5 種目標性的分數，最後會被整合起來，用來估計整體法人的表現。「我們不期待聯邦快遞球場與職業高爾夫球賽擁有相同的投資報酬，所以這種指標測量工具將會讓各法人的相異性標準化，幫助我們利用相同的出發點來測量賽會。」

　　如果法人的得分低，聯邦快遞將會與它的合作夥伴會商，決定如何將分數提高；如果得分依舊低，這表示這個法人可能會從合作方案中消失。

4. 知名度提升為次要目標

　　如果法人主要呈現的是印象，聯邦快遞會很快地放棄這個贊助。畢竟我們可以確定，吸引大眾的目光雖然是好的，但卻不是必需的。「當然，知名度的增加是我們很樂意接受的東西，但是條件必須只有在它是贊助的副產品下。在贊助利益的排名下，知名度的增加不是我們必須擁有的東西。」

　　比知名度更重要的東西是持續地維持領導的地位、穩固品牌與提供曝光的機會。印象充其量也只是在贊助蛋糕上的糖衣而已。「這間公司被評量的方法，應該是依照多少的貨運量而定。我們的贊助應該是依法人可以對我們運送量的提升多寡來判斷。通常我們只注意到多少人看到我們的品牌，卻忘了考慮多少人看了我們品牌後，從他們的口袋中掏出錢來。」

5. 贊助是行銷組合的一項方案

　　聰明的行銷者，整合運動贊助遍布於行銷組合之中。「廣告、直接回應、促銷，當然也都有他們的重要性，但是贊助提供一個健康的方法讓行銷組合加分更多。贊助的本身就有它自己的功能，但它同時也是一種工具讓每樣東西都更好一點。我們現在將贊助視為一種策略性的工具，以確認我們能整合賽會遍布在整個贊助組合中。」

6. 兩邊的房子

沒有穩固的內部構造，贊助是無法被確認、管理及服務。我們可以從兩邊的贊助團隊來證明這件事情，一邊是如何呈現管理面；一邊注重未來發展。聯邦快遞在自己的賽會部門內，已經有 11 位核心的成員。一邊的贊助團隊注重活化贊助與經由行銷計畫、促銷元素、招待的努力等，來讓他們的投資得到回報。在房子的另一邊是另一個團隊，他們負責管理方案的成長。無論方案是否擁有適合的組合，是否監督所有的選擇、計畫及協調，這個隊伍將確認新的贊助機會。每一個團隊都有為特定法人協助的職員。他們管理協議的每一個層面、隊伍的擁有者和其他會讓聯邦快遞的贊助發生最大功效的其他單位。

7. 讓待客變成市場延伸的方法

招待元素提供品牌的生命及延伸的平台。運動組織的商標、印象、主題、特徵，應該在現場被賜予生命。聯邦快遞將招待的機會散布至不同傘狀的行銷訊息。超級盃每年的運動招待互動將鋪天蓋地的提供。PGA 賽會習慣於展示聯邦快遞的可靠性。在吉利體育館，公司帶來新的體驗。在體驗區域內，播放輕柔音樂、點蠟燭及按摩，讓大家體驗聯邦快遞為生活帶來輕鬆的一面。

招待必須具有滲透性。舉例來說，在聖朱德精英賽中，聯邦快遞建立了兩層樓的接待中心，足與任何的高爾夫俱樂部匹敵。招待並不是只有關於食物與飲料，重要的是它可以樹立一個建立良好關係的環境。「我們已經學到，一般公司的雇員沒有權力選擇他們雇主使用哪一家貨運公司來運送他們的包裹。對於這些有權力選擇使用哪一家公司來運送包裹的個人，這是一個非常複雜的決定。所以，為了讓我們的銷售人員與這些消費者有更長的時間相處，我們建立一個有品質的時間來給予他們討論。」

聯邦快遞也在賽後為現在與未來的消費者舉辦招待會。例如該公司在去年冬天，贊助了國家美式足球聯盟 5 個開放參觀活動，在這招待會中，有500 名的消費者在無比賽日中參與聯邦快遞的活動、娛樂、幕後旅遊及與球員交談。招待的規劃遵循了以下 6 點的方法與主要目標的溝通：事先的邀請、正式的「預約時間」的邀請、「值得期待」的訊息、旅程路線、現場的

賽會及賽後的追蹤。

8. 怎樣才算足夠

　　慢慢地挑選合適的法人，並沒有任何的錯誤，但是賽會行銷者應該要知道何時方案才足夠。「如果需要 20 個法人來讓你的贊助發揮功能，那就太多了。」如果回收並沒有達成目標，這就是哪個法人沒有達成目標，那麼他就必須被加入這個方案內。

 ## 延伸閱讀

Motion, J. Leitch, S., and Brodie, R. (2003). Equity in corporate co-branding. *European Journal of Marketing*, 37 (7/8), 1080-1094.

練習題

　　此練習題可提供一個引導的方向，以完成一份贊助計畫書的各部分。接下來的問題，包含了贊助者的需求與贊助的邏輯。完成這些步驟，就等於完成一份贊助計畫書的準備步驟。

1. 確認賽會或隊伍的人口統計資料，並尋找具潛力的贊助商來匹配。

2. 在贊助商的產品與公司之間，確定心理與形象的配合度。

3. 列舉可能透過贊助來完成的知名度目標。

4. 列舉可能透過贊助來完成的形象目標。

5. 列舉可能透過贊助來完成的銷售目標。

6. 列舉可能透過贊助來完成的招待目標。

7. 列舉可能透過贊助來完成的員工士氣提升目標。

8. 列舉可能透過贊助來完成的現場銷售與大盤商合作的潛力。

9. 討論可能透過贊助帶來的交叉推銷的潛力。

10. 考慮有關於贊助的時間點與贊助商的商業活動的整合溝通的潛力議題。

11. 列舉現有的贊助商並思考任何可能會發生的衝突。

12. 詳細說明從比賽場地／場館，獲得合作可能性。

13. 試概述任何從贊助引起的可能危機。

14. 試討論所有公益贊助機會的潛力。

15. 確認是否有任何基本運動贊助方案適合贊助商。

第四章
奧運贊助機會

本 章 大 綱

- 奧運活動與贊助
- 奧運會的商業化
- 奧運的贊助權益與
  特許權利
- 殘障奧運
- 伏擊行銷
- 參考文獻
- 美國奧運電視轉播
  權利金

 奧運活動與贊助

　　不論是奧林匹克運動會或是業餘運動組織，近年來越趨需要合作贊助廠商所提供的經濟支援，尤其在財政困難的時期更為明顯。國際奧委會年度預算的 30%，以及美國奧委會（USOC）40% 的預算，都是藉由贊助和授權的收入而來，由此可證明國際奧林匹克運動會對於贊助的依賴程度（Olympic Fact File, 2000）。特別是在 2002 年，美國奧委會的總預算為 1 億 2 千 9 百 52 萬 1 千美元整，其中結合贊助計畫部分為 2,960 萬美元整，專利權收入和權利金分別是 1,020 萬美元以及 2,210 萬美元（United States Olympic Committee, 2002）。奧林匹克組織委員會也逐漸增加對於贊助資源的依賴程度。2002 年奧林匹克組織委員會的收入中，贊助就占了 54% 之多。這

些資源中，43% 用來舉辦名古屋冬季奧運會，而比較少的比率用在雪梨奧運會，大約是 34%（Olympic Fact File, 1998, 2000; International Olympic Committee, 2004b）。在 2010 年冬季奧運會中，從資料中可看到溫哥華組織委員會的收入中有 42% 是來自贊助商（Hotzau, 2007a）。

奧運之所以吸引贊助的另一個面向，是奧運緊緊相扣的五環標誌，呈現出全球化的力量。研究發現，奧運的五環標誌是世界上辨識度最高的表徵，高達 89.8% 的民眾可以正確地辨識出這個象徵（TOP IV Programme, 1997）。因此，對於主要贊助企業而言，與奧運五環標誌結合是極高的榮耀，包括觀看電視轉播的觀眾，以及經由電視奧運新聞的報導，即能夠在 40 億觀眾面前提升組織的曝光率（Olympic Fact File, 2004）。

在奧運初始時，贊助活動即已經存在。在古希臘時期，城邦和商人會提供運動員資源支持。1896 年現代奧運再度舉辦時，柯達（Kodak）公司在首次現代奧運官方計畫中投入廣告活動。1928 年可口可樂公司開始與奧林匹克運動會進行長期的合作贊助關係（Pratzmark & Frey, 1989）。奧運賽會與贊助活動建立良好關係，並且其複雜性已顯著地提高。

奧運會的商業化

從 1976 年蒙特婁奧運到 1984 年洛杉磯奧運這段期間，我們可以看到整個奧運會過渡時期的轉變。大部分人們都注意到 1976 年奧運財政的沉重負擔（超過 10 億美元負債），以及 1984 年洛杉磯奧運明顯的商業化現象。經由他們對吸引贊助者的努力，洛杉磯奧運得以順利舉辦，並且創造了超過 2 億 2 千 5 百萬美元的額外收益。

在奧運五環標誌的場域中，有太多機會可以做銷售，例如：電視、廣告、產品授權、賽會獨家產品、參賽隊伍贊助、奧運活動贊助、頒獎典禮、訓練中心贊助、產品代言等，幾乎所有事物都可以設計行銷的活動（Marsano, 1987, p. 65）。在 1984 年商業化的奧運之後，人們領悟到豐富的收益和贊助活動已經是奧運賽會不可或缺的一部分了。

奧運贊助的基本理由與其他贊助活動十分類似。Carter 和 Wilkinson（2000）研究 2000 年雪梨奧運廠商贊助的理由，發現排名最前的目標是提升品牌知覺，接著是能夠接觸到目標觀眾群展現產品，以及提升員工士氣。

研究結果顯示，親切款待這項指標的排名比起其他研究來得低。了解這些因素的顯著差異是值得重視的事情，而贊助的標準不同，亦顯現出不同的贊助者需要尋求不同的贊助目標。此外，Carter 及 Wikinson（2002）的文獻也指出贊助企業之間有高度的差異存在。

奧運的贊助權益與特許權利

奧運贊助有 5 種組織參與的類型：國家單項運動協會（NGBs）、國家奧委會（NOC）、奧林匹克組織委員會（OOCs）、國際奧委會（IOC）全球性的贊助計畫，以及國際奧委會本身；每個單位均特別提供的和參與活動相關之贊助權益。

◆ 國家單項運動協會

在奧林匹克組織基礎之下，國家單項運動協會一直以來已經進行許多不同類型的贊助活動。每項奧運運動項目在每一個國家都有單項運動協會，同時也是國際奧委會的一分子。這些組織可以授權給企業公司在該國家進行運動贊助活動。對單項協會贊助者來說，有一件重要的事，那就是他們應該對於該運動團隊成員權利有所了解，包括運動服裝、單項協會的標誌等，但奧運的五環標誌並不包含在內。美國滑雪協會對於運動贊助計畫已經具有執行多年的完善經驗，並且獨立運作於美國奧會之外。美國滑雪協會在 2007 年與奧迪汽車簽約為其官方汽車贊助商。奧迪汽車的行銷總監指出：美國滑雪隊是全球公認表現最好也最精準的隊伍，這個形象極度符合奧迪汽車駕駛系統及其眾所皆知的豪華汽車形象（Audi of America, 2007, p. 3）。

美國體操協會與奧運贊助廠商 VISA 進行長久的合作，雙方簽署了美國體操錦標賽 2005 年到 2008 年的冠名贊助合約（稱為 VISA 錦標賽）。經由這個贊助關係，VISA 成為正式的官方支付工具贊助者。美國體操協會的會長 Bob Colarossi說道：「VISA 已經成為我們組織中有價值的貢獻者和行銷夥伴，而我們期待另一個成功的奧運 4 年期程，我們正在發展 2008 北京奧運的結合方式。」（Eaton, 2004）

美國足球聯盟最近與耐吉公司簽訂價值 1 億 2 千萬美元的 10 年贊助合約，合約中規定耐吉必須支援青年發展計畫，並且提供設備和運動服裝給所

有美國國家代表隊伍。耐吉同時也獲得其他國家足球官方組織合作協議，包括許多世界頂尖隊伍（荷蘭、巴西、奈及利亞、南韓等國家）。美樂啤酒公司為了能夠在墨西哥推廣它的品牌，也跟墨西哥國家足球代表隊簽訂贊助合作關係。

許多成功的國家單項運動協會贊助活動協議，在雅典奧運的時候實現。Nautica 企業與美國遊艇協會簽訂成為官方服裝提供者的合約。經由這個協議，Nautica 提供全套用具設備給美國 130 位奧運遊艇代表隊、殘障奧運代表隊以及青年代表隊（"Nautica Signs", 2004）。

另一個例子是美國手球協會，它創造了另一個更特殊的贊助機會。他們發展出一個有趣的贊助計畫：每個個人或是學校單位皆可以「認養」一位美國手球協會奧運代表隊的選手。每個運動員的「認養文件」只需花費 35 美元，卻可為他們帶來可觀收益。另外，這個贊助方法除了也達到宣傳的目的，更讓全國民眾對比賽產生興奮刺激的效果。

◆ 國家奧委會

國家奧委會可以進行奧運五環標誌授權使用，但僅止於結合其各自之標誌。對美國奧委會來說，就是指定於使用美國奧委會特定的規格標誌。最常見的美國奧委會與奧運五環標誌就是與 USA 字母結合使用。任何美國奧委會的標誌，當然都必須依附於美國奧委會提出的精確規範使用。2008 年末，美國奧委會尋求到最高規格的「夥伴」關係贊助，例如美國電訊公司、百威英博釀酒公司、通用汽車、美國銀行（Bank of America）和雪佛蘭德士古（Chevron Texaco）等。所有國內的夥伴贊助者，獲得美國奧運隊伍的行銷權利，以及使用奧運主題、術語和意象在贊助行銷和廣告活動計畫上的商業管道。這些贊助者可以宣稱他們是美國奧委會的贊助者，也是美國奧運代表隊的贊助者。例如耐吉取得 2012 年美國奧運代表隊服裝的合約，這使得耐吉的產品得以讓運動員獲獎時在奧運會頒獎台上展現。另外，羅英羅蘭服裝公司提供了美國奧運代表隊在北京奧運開幕及閉幕典禮的服裝贊助權利。

根據美國奧委會所言：「贊助者的層級代表得到使用 USA 五環標誌的組織支援的需求，成為官方贊助者以及使用奧運主題、術語和意象在贊助行銷和廣告活動計畫上的商業管道。」美國奧委會的贊助者提供可觀的金錢、產品或是服務，贊助美國奧運代表隊，甚至可能選擇投資擴及至國家運動單

項協會組織、美國殘障奧運代表隊伍，以及其他奧運家族賽會活動。這個層級的贊助者包括所有州際保險、家樂氏、家得寶、賀曼卡（Hallmark）、辦公文具用品零售集團（Office Depot）、勁力能量棒（PowerBar）、聯合航空（United Airlines）、24 小時健身中心等。身為美國奧運隊伍的「官方營養能量棒提供者」，在過去的幾年中勁力提供了超過 60 萬個能量棒給美國奧運隊伍。一系列其他公司企業加入了「提供者」的贊助層級，僅提供使用五環和美國奧委會結合的標誌使用。「所有國內的夥伴贊助者，獲得美國奧運隊伍的行銷權利，以及處理所有美國境內的廣告及行銷計畫。」（United States Olympic Committee, 2004, p. 37）

贊助的動機不同，使美國奧委會的贊助方式有所差異。美國銀行的行銷總經理做了如下評論：「在美國觀看奧運賽事的觀眾特質是廣大而且多樣的，我們期待 2008 年北京奧運能寫下美國以及全世界的電視收視率紀錄。身為美國擁有最大顧客群的銀行，與全世界超過 150 個國家的客戶合作，相信贊助奧運比賽可使我們的品牌傳到世界上數以千萬計的客戶群，和共同合作的消費者。」（Bank of America, 2004）商品贊助（Value-in-kind）是美國奧委會與雪佛蘭德士古公司在 2004 年雅典奧運期間簽訂的協議之一，它帶來相當大的收益。美國奧委會編列了超過 100 萬美元的預算，提供工作人員膳宿，而皇家奧林匹克郵輪（Royal Olympic）這艘搭載上述人員的遊艇，其燃料則由贊助商雪佛蘭德士古公司提供（Woodward, 2004）。

因為 2002 年冬季奧運在美國鹽湖城舉辦，美國奧委會在 1998 年發展出新的奧運贊助行銷計畫，稱為美國奧運特屬計畫（OPUS）。這個計畫和 1996 年亞特蘭大奧運特別計畫（ACOP）相似，提供美國奧委會和鹽湖城冬季奧運籌備委員會獲得贊助收益。由美國奧運特屬計畫簽下的新贊助商是通用汽車，這個 10 億美元的 8 年計畫，讓通用公司可針對奧運不同的觀眾群進行各項汽車的行銷企劃，並且在合約期間，結合每一項奧運競賽，介紹新款汽車在市場上販售（Rozin, 1998）。

有趣的是，美國的奧運訓練中心也要負責尋求自己的贊助計畫合約。然而，在大部分例子中，他們的工作與美國奧委會的行銷贊助十分接近，許多奧運訓練中心贊助計畫也都包含了各種產品和服務的捐獻與贊助。

◆ 奧林匹克組織委員會

　　奧林匹克組織委員會（OOCs）也同樣可從電視權利金和贊助合約中獲得收益。2008 年北京奧運的全球轉播利益估計約為 17 億美元。在 2004 年初，奧運電視轉播權利金的分配額度為奧林匹克組織委員會取得49%，奧運活動獲得 51%，特殊的突破是國際奧委會與國際單項運動組織（IFs）分享夏季與冬季運動的收益利潤。2006 年冬季國際單項運動組織獲得 1.26 億美元，2004 年夏季奧運得到 2.54 億美元，美國廣播公司所付的電視轉播權利金在本章結語中將會提及。如先前所述，組織委員會的預算中大約有 50%是從贊助商處得來，這些特許權利包含官方供應者、贊助者、授權同意合約等，都與組織委員會有關。2004 年雅典奧運從夥伴贊助帶來美金 7.76 億美元的收入，而鹽湖城冬季奧運也有 8.76 億美元收益（Olympic Fact File, 2008）。

　　奧林匹克組織委員會可以藉由商品贊助來支援減低預算需求，贊助者可以結合它的產品或服務提供於奧運比賽中。許多傳統的案例中，贊助也包含了獎品、交通運輸、通訊系統，以及其他各種運動設備、設施。2008 年北京奧運取得中國移動的行動電話服務，中國石化獲得油料供應，以及福斯汽車提供的官方車輛服務。有趣的是，福斯汽車付 1 億美元取得權利，愛迪達也付 8,000 萬權利金，這兩個價格明顯高於國際奧會的全球夥伴計畫，似乎要取得 13 億人口的入場券的代價是昂貴的。整體而言，北京奧運組織委員會從 11 個賽會夥伴、10 個特許供應商及 15 個官方供應商中取得了 7.5 億美元的贊助利益（http://en.beijing 2008.cn/bocog/sponsors/sponsors）。類似這樣的贊助活動很受奧運組織委員會和贊助廠商的歡迎，可以達到雙贏的局面。

◆ 奧林匹克夥伴

　　1985 年，國際奧會創始了一個世界上最複雜的運動贊助計畫，追求「One-stop Shopping」的國際合作贊助活動（Marsano, 1987）。企業無法忍受多重的談判協商，而僅僅產生些許的成果，進而促使奧林匹克計畫的產生。第一個 TOP（TOP 現在稱為奧林匹克夥伴）計畫從 1985 到 1988 年；第二個 TOP 提供贊助從 1989 到 1992 年；第三個 TOP 延續贊助活動自

1990 到 1996 年；同樣地，第四個 TOP 計畫時間包含 1998 年長野冬季奧運和 2000 年雪梨奧運；第五個 TOP 計畫包括了 2002 年鹽湖城冬季奧運和 2004 年雅典夏季奧運，它帶來了 6.02 億美元的收益；第六個 TOP 計畫則包括了杜林冬季奧運及北京夏季奧運（Olympic Fact File, 2008）。

　　這個系統是在洛杉磯奧運成功之後形成，顯示較少的贊助者付出更多的金錢，對於組織和贊助者而言都更好。TOP 計畫建構出一個方向，有限、少量的贊助者，可以獲得特別的待遇和利益；同時在全世界的基礎上，可以達到贊助產品種類的獨有性，並且保護他們的奧運贊助活動。具體而言，TOP 的贊助商可以得到下列的利益（International Olympic Committee, 2004）：

1. 產品的獨有性

　　每一種類的產品都只有一家贊助廠商，也就是如果可口可樂和 VISA 是 TOP 贊助廠商，那麼百事可樂和美國運通就不能加入奧運贊助計畫的任何層級中，包括國際、國家或是組織委員會。

2. 使用奧運的標誌、圖像、設計權利

　　每個參與者可以使用奧運的五環標誌，並且結合與使用 202 個國家奧會之名稱。這帶來世界性與地區性的影響，公司企業可以「奧運客方贊助者」和「奧運官方產品」的稱號，在所有組織委員會加上奧林匹克組織委員會的標誌。

3. 公共關係和促銷機會

　　贊助者擁有特別的搭配與媒體事件來增加它的曝光率。

4. 進入奧林匹克資料典藏館

　　國際奧會讓贊助者的商品、照片、影音資料置於瑞士的奧運博物館，作為收藏陳列和展示用。

5. 奧運商品和紀念品

　　衣服或服裝可與奧運標誌相關聯，贊助者可用來鼓舞並行銷組織的活動。

6. 門票和招待

贊助者可優先在冬季和夏季奧運賽事中的特區觀賞比賽。

7. 廣告選擇權

TOP 的每一個成員擁有紀念品上廣告節目的優先權，並且可以優先購買奧運的廣告轉播權。

8. 現場參與

購買點或是產品展示活動，都包含在這個計畫中。企業有權在特定區域或空間做產品的展覽，也擁有在奧運比賽集中區域進行商品展示的機會。

9. 研究

每個贊助商都可以取得關於公眾對於他們參與奧運贊助的接受反應，以及評估其附加的價值收益的完整報告書。

10. 優先議約權

每 4 年 1 期的 TOP 計畫，這些全球的贊助商可在其產品類別中優先續約。

TOP I 計畫總共貢獻了 9,500 萬美元的收益，1988 年 TOP I 計畫對贊助商證明了它是一個完全成功的計畫。隨之而來的 TOP II 計畫，創造了 1.75 億美元的價值，TOP III 計畫是 3.5 億美元，而隨著雪梨奧運結束的 TOP IV 計畫是 5 億美元（TOP IV Programme, 1997）。TOP V 計畫為 2002 冬季鹽湖城奧運和 2004 年雅典奧運募集了 6.63 億美元；而 TOP VI 計畫則提供 8.66 億美元支應 2006 年義大利杜林冬季奧運和 2008 年北京奧運的費用（Olympic Fact File, 2008）。

TOP VI 計畫的企業以及他們代表的贊助商品種類，如下表所示（International Olympic Committee, 2008）：

企業公司	贊助類型
可口可樂	非酒精飲料
源訊科技（Atos Origin）	資訊科技
宏利人壽（Manulife）	人壽保險／年金投資
柯達	軟片／照片和攝影（2008 年後不再續約）

企業公司	贊助類型
VISA（威士卡）	顧客支付系統
松下電器	電視／錄影／音響設備
三星	無線通訊設備
麥當勞	零售餐飲服務
亞米茄	計時／分數以及比賽結果統計服務
聯想（Lenovo）	電腦科技（2008 年後不再續約，由宏碁〔Acer〕取代）
奇異電器	器材與服務

　　柯達公司其實是 1896 年第一屆現代奧運的廣告客戶，可口可樂則是在 1928 年加入奧運的贊助者。其他的贊助企業則都是在 1988 年加入，三星電子和麥當勞則在 1997 年簽署了 TOP IV 計畫，成為奧運贊助商的一分子。三星電子在 1998 年和 2000 年奧運會中提供賽會所有無線通訊設備，這個層面被視為使奧運賽會進行順利且成功的一個重要因素（"Two New Partners", 1997, 9）。除此之外，他們提供超過 2 萬個多功能無線對講機給大會工作人員和參賽隊伍使用。另一個特別的服務是「Call Home」計畫，讓參賽選手可以在比賽完那一刻馬上打電話回家與家人通話（"Worldwide TOP Programme", 1998）。三星電子集團總裁特別說明：「奧林匹克的和平精神以及對社會貢獻的宗旨，同時也是三星電子的理想。」（"Olympic Fact File", 1998, p. 54）

　　麥當勞決定擴大對於 1996 年奧運的贊助活動，並對亞特蘭大奧運村有極為重要的貢獻。國際奧委會之所以對麥當勞合作感到興趣，是因為他們表現出對零售餐飲強大的服務能力，在全世界每天超過 202 個國家，3 萬家餐廳，服務超過 4,700 萬人。在 2008 年北京奧運會中，麥當勞的「奧運冠軍團隊」計畫中，從全世界最佳餐廳中甄選出 1,400 名最佳員工，在奧運村中 4 個麥當勞餐廳為全球最佳運動員服務。

　　對麥當勞來說，以顧客為尊是基本原理，「現在我們全世界的顧客都可以共享奧運的喜悅和興奮。」（"Olympic Fact File", 1998, p. 53）麥當勞擴張它的世界夥伴關係，與加拿大奧委會合作，進行奧林匹克學校日活動，奧運比賽之前在全加拿大進行奧林匹克學校日活動。其他全球性的活動，包括稱為「Go Active」的歐洲計畫，特色是有沙拉、飲料及免費計步器的成人

快樂餐點。在中國,他們的飲料杯印有奧運運動員;在日本,設計一個奧運主題的小遊戲,可以贏得折價券和優惠的價格。帥奇錶在 2003 加入;而聯想電腦是在 2004 年加入由 2006 年到 2008 年的 4 年奧運贊助計畫期程。聯想電腦認為已經達成其贊助目標,而在 2008 年退出行列。

從 TOP 計畫獲取的收益依照分配原則,分配給各個不同奧林匹克組織,其比例說明如下(Greater TOP support, 1997; Michel, 1991; International Olympic Committee, 2008):

⚽ 收益的 40% 分配給參賽的國家奧委會。分配比率是依據以往慣例,由每個國家奧會取得定額數目(最少是 4 萬美元),再加上獲得奧運參賽資格的運動員人數之額外金額。

⚽ 自從 TOP 計畫開始的 20 年前,美國奧林匹克委員會取得 TOP 基金的 20%。其主要原因為大部分的贊助商及電視轉播公司均來自美國公司,這些公司提供了 62% 的收入來源。在 2008 年時,許多國際奧會委員提議修改基金的分配比率。

⚽ 收益的 50% 支付給辦理的奧林匹克組織委員會,分配的比率為:冬季奧運組織委員會分配到 10%,夏季奧運組織委員會分配到 40%。

⚽ 國際奧委會保留 10% 的收益("Marketing issues", 1997; International Olympic Committee, 2004)。

奧運 TOP 計畫中的合作組織有顯著地投入貢獻,這也同時說明了參與奧運的理由(12 Top companies, 1991; Worldwide TOP Programme, 1998; "Olympic Fact File", 1998; International Olympic Committee, 2002b)。

奧林匹克運動會提供各式各樣的機會給可口可樂。他們持續贊助奧運聖火的傳遞,以及很受歡迎的現場奧運徽章交換中心。為促銷產品,可口可樂在奧運村提供免費飲料販賣機,擁有奧運舉辦處獨占的飲料銷售權利。可口可樂的總裁說:「可口可樂是一個全球化的公司,對我們來說,參與奧運這樣的重大盛會是相當重要的。」("Olympic Fact File", 1998, p. 51)

柯達公司從現代奧運一開始就加入贊助的行列。在 1896 年的第一屆雅

典奧運官方出版品上，即已經有柯達的廣告紀錄。柯達贊助奧運的傳統來自很多不同目標；簡言之，包括營造柯達的產品和員工正面形象、推動運動家精神的最高理想、培養國家之間友善的競爭關係。「柯達捕捉並分享回憶，創造某些美好正面的回憶，就如同奧林匹克運動一樣。」（Kodak and the Games, 2004）為了支持這些目標，柯達在 2004 年雅典奧運經營全世界最大的照片典藏館，提供數位和傳統照片技術予專業攝影師和一般觀眾參觀使用。合格的攝影師在奧運場地中的主要傳播媒體中心和柯達的照片沖洗服務亭，提供一般觀眾關於影像照片的服務，讓他們能夠「即時地和全世界各地的家人或朋友們分享數位照片。」（Kodak & the Games, 2004, p. 2）另外，柯達和另一個贊助商源訊科技（Atos Origin）合作，製造 35 萬個奧運賽會需要的認證獎章。

　　贊助活動對 VISA 的品牌和全面形象有極大的助益。本書第九章將提到，VISA 由贊助奧運的投資中得到實際的市場占有率。藉由集中在奧運比賽門票上的獨占地位，他們達到成功的廣告效果。在其 TOP 計畫中有一部分，建立特別的 VISA 網路系統，與 200 個國家數以千計的 ATM 機器連線。同時也在奧運期間支援舉辦了各種文化和教育的展覽活動，VISA 從贊助奧運所得利益是：

　　　　創造一個有影響力的工具，幫助我們達到建立 VISA 品牌的目標，並且提供我們的工作成員和顧客一個機會去建立他們的事業——對我們的員工和顧客來說，再沒有比贊助奧林匹克運動會更能帶來強大的效益（VISA USA, 2004, p. 2）。

　　奧林匹克運動會提供松下電器以主要贊助商的角色在國際廣播中心（IBC）展示高科技的機會。IBC 是所有電視媒體發射訊號的場所。除了 IBC 之外，松下電器也在奧運舉辦城市的不同地區，提供了 20 面巨型銀幕和影音需求設備。松下電器總裁表示，贊助的主要理由是希望將它的名字「與歷史最久的國際性運動賽事活動相連結」（"Olympic Fact File", 1998, p. 53）。此外，奇異電器則利用贊助的機會，展示了它跨領域的科技實力，從電視轉播到醫療中心的儀器，都可以看到奇異電器的蹤跡。

TOP 為奧林匹克運動完成了兩個主要目標，它使得國際奧會減低對電視轉播權利金的依賴，並且經由分享收益，幫助了全世界國家的運動發展。

🏌 殘障奧運

　　另一個奧運家族相關的賽會活動是殘障奧運，冬季和夏季的殘障奧運定期緊跟著奧運會在兩週之後舉辦，提供世界上殘障的優秀運動員參與比賽競爭。這個賽會不同於特殊奧運會，特殊奧運是提供給心智障礙的人們參加。殘障奧運完整地展現出身體障礙運動員的優異表現，例如視障、截肢、癱瘓等類型的殘障人士，都可以在賽會中展現運動能力。

　　第一屆殘障奧運於 1960 年在羅馬舉辦，只有 23 個國家 400 個運動員參加。直到 1988 年在南韓首爾舉辦殘障奧運，是第一次跟現代奧運同時在奧運舉辦城市辦理。今日有 120 個國家超過 4,000 個運動員參加夏季殘障奧運會，36 個國家超過 1,100 人參加冬季奧運會。

　　美國殘障奧運的使命是：「藉由建立廣泛並具一定水準的精英計畫和奧林匹克管理組織結合，成為世界殘障奧運的領導者。利用奧運和殘障奧運的平台，創造殘障人士生命中的完美表現。」

　　美國殘障奧運組織為美國奧會的成員，它與美國奧會贊助商相連結的程度十分緊密，然而它仍有權獨立地去尋求其他贊助。在 2004 年雅典奧運之前，美國殘障奧運尋求克萊斯勒汽車（DaimlerChrysler Vans）作為他們官方的交通工具贊助者。克萊斯勒與奧運金牌得主 Chris Waddell 合作，在全美國各城市旅行協助復建醫院。雖然通用汽車是美國奧會的官方贊助者之一，但它沒有投入贊助資金給 2004 雅典美國殘障奧運隊伍。與通用汽車商談之後，美國殘障奧會執行長 Charlie Hubner 授權允許自克萊斯勒處尋求 2004 年的贊助，通用汽車也同意從 2008 北京奧運開始贊助美國殘障奧會。同樣地，TOP 贊助者約翰漢克（John Hancock）同意美國殘障奧會另找哈特佛金融服務集團（Hartford）作為他們保險的贊助者，因為哈特佛金融服務集團長期以來一直與身心障礙運動有合作的關係。

　　美國奧會的贊助商美國銀行和耐吉，都投入美國殘障奧運隊伍的贊助活動。支助美國奧會和美國殘障奧會的贊助資源由內部分配，而對於美國殘障奧運隊伍的贊助尤其看得到成功的效果。美國奧會提供其他資源給予美國殘

障奧會，但是美國奧會提供給殘障奧運運動員的經費少於給正常奧運會的運動選手，為了因應組織的需求而必須獨立尋找其他贊助。

伏擊行銷

　　贊助商取得運動組織的贊助權利所需費用漸漸提高，許多企業開始尋求不用花費太多錢的方法，而能達到一樣的運動贊助效益。許多公司企業的行銷人員企圖想要結合他的企業與運動賽會活動，不用花費必要的贊助費用。這樣的策略很快地被稱為「伏擊行銷」；伏擊行銷的定義是：「一個非贊助商企圖以誤導大眾印象的方式，讓人們以為它是贊助廠商的一種策略；通常是官方贊助廠商的競爭者所為。」（Ukman, 1995, p. 42）許多伏擊行銷顯著的例子，已經在運動產業中看到，資料顯示這些案例正持續成長（Hotzau, 2007b）。許多的伏擊行銷案例也被討論，Skildum-Reid 指出每個人對此都有其看法，伏擊行銷是欺騙行為，是聰明的、是偷襲的手法。這些看法最終會回歸到道德層面，到底它是對或錯呢？（Skildum-Reid, 2007, p. xii）

　　1984 年奧運會中，柯達聰明地伏擊了富士，雖然富士從洛杉磯奧運組織委員會處購得官方贊助權，但是大部分民眾卻深信柯達是官方贊助商，而不是富士（Hotzau, 2007b）。柯達藉由向美國奧會購買奧運期間的贊助權和龐大的電視廣告，創造了一種錯誤的認知，讓人以為它是大會官方的贊助商。但其實柯達並沒有誤導大眾，它只是用了另一種方式，讓人對奧運官方贊助商的印象失去覺察。

　　在一些例子中，某些奧林匹克運動會組織者會去抱怨為何允許這些伏擊行銷活動發生。為了慶祝奧運的盛會，洛杉磯市府委員會為城裡的一條主要道路更名，稱為「奧林匹克大道」。結果有數以百計的商家遷徙到這條路上，並且使用一些店名，例如奧林匹克洗衣店、奧林匹克車行等等。這些行為是被允許的，因為根據城市法規，商家的確可以使用道路的名字來為自己的招牌命名。

　　耐吉很聰明地在 1984 年奧運會期間，將廣告壁畫結合在洛杉磯的許多區域大樓中（Myerson, 1996）；同樣的策略也用在亞特蘭大奧運，因為當時市政委員會通過一條禁令，禁止在城市內做大型的戶外廣告。銳步公司工

作人員提出抗議，表示他們的俠客歐尼爾壁畫約 60 至 80 英尺是公共藝術作品，雖沒有成功，但仍有許多公司發現法律漏洞，因為法規內並沒有規定大型的手提移動招牌，或是建築物大小的影像投射（Bayor, 1996）。

　　美國運通（American Express）和 VISA 一直以來都是競爭對手，爭奪奧運贊助權的正當性和合法性，並且從 1988 年開始就進行伏擊行銷的戰術。 VISA 曾經播放一支宣稱奧運會將不會接受美國運通卡的廣告，嚴格說來它僅是有關於官方銷售門票。然而，許多公司和旅遊相關服務仍然接受以美國運通卡作為付款工具。在 1992 年巴塞隆納奧運，美國運通卡也拍攝了一個廣告活動，宣稱你不去巴塞隆納時不需要 VISA 信用卡。這策略和 VISA 相同，然而經證明與奧運會無關。最後的一個策略是，美國運通卡買下國際奧會總部所駐飯店的鑰匙圈贊助權，這個鑰匙圈被做成美國運通卡信用卡的形狀，而且在其中一面畫成信用卡的圖案，而另一面才是飯店的相關資訊。

　　伏擊行銷不受到過度熱心的組織所限制。亞特蘭大市政委員會和觀光局試著在 1996 年奧運期間銷售贊助權，但這是與亞特蘭大百年奧運財產權（Atlanta Centennial Olympic Properties, ACOP）計畫有所牴觸的。所有贊助權被 ACOP 以 300 萬美元買斷（Hotzau, 2007b）。前任國際奧會副主席 Dick Pound 提到：「任何人都不會想到一個城市會對自己的組織委員會進行伏擊行銷。」（Wells, 1996, p. 53）」國際奧委會很關心的一點是，有些市民相信伏擊行銷是聰明的或是受到鼓舞的，以至於使用寄生行銷傳遞這個賽會負面的印象。目前舉辦奧運的城市單位已經開始將伏擊行銷的相關規定事項，列入簽署的書面條文中考量，並加以防範。北京從 2002 年 4 月 1 日開始施行奧林匹克標誌保護活動（Chua, 2002）。違反規定者將會先被中斷訂單，接著沒收或銷毀產品。甚至違法者將被迫追討所有不法利益，並且處以不法所得利益的 5 倍罰金（Chua, 2002）。同樣地，義大利政府為 2006 年冬季奧運會通過 167 號特別法案；加拿大政府為 2010 年溫哥華冬季奧運會通過類似法案（Hotzau, 2007）。

　　事實上，國際奧會並未完全做到它所宣揚的贊助理念。1994 年國際奧會發展出它自己的贊助計畫，相對於世界奧林匹克贊助者而言，國際奧會將汽車的贊助權賣給賓士汽車，服裝贊助權賣給美津濃（Mizuno）（Olympic

Fact File, 2008）。據一位產業領導人說：「我們總覺得國際奧委會秘密地擁有自己的贊助者。」（Ukman, 1998, p. 2）

國際奧會、美國奧會、國家單項運動協會、贊助者以及電視轉播系統，都十分認真地防制奧運會的伏擊行銷。1996 年亞特蘭大奧運組織委員會和國際奧會合作出資在全國性報紙刊登文宣，公布伏擊行銷的廠商名單。廣告內容註明：「欺騙的廣告不是奧林匹克運動精神」以及「每一次企業使用這樣的廣告，我們的奧林匹克精神就失敗一次。」（Myerson, 1996, p. D1）雖然這些資金沒有完全用完，然而這樣的威脅似乎也達到預期的效果。目前為止，國際奧會要求申辦奧運的國家必須將控制不法使用國際奧會或奧運組織委員會商標的行為處罰加以法制化。國際奧會也宣稱自 1996 年之後，奧運會已經不再發生伏擊行銷的活動了。

 ## 美國奧運電視轉播權利金

年	地　　點		聯播網	金額（美元）
1960	史科谷（冬季）	Squaw Vally (Winter)	CBS	$394,000
1960	羅馬（夏季）	Rome (Summer)	CBS	$550,000
1964	茵斯布魯克（冬季）	Innsbruck (Winter)	ABC	$597,000
1964	東京（夏季）	Tokyo (Summer)	NBC	$1,500,000
1968	柯諾布爾（冬季）	Grenoble (Winter)	ABC	$2,500,000
1968	墨西哥市（夏季）	Mexico City (Summer)	ABC	$4,500,000
1972	札幌（冬季）	Sapporo (Winter)	NBC	$6,400,000
1972	慕尼黑（夏季）	Munich (Summer)	ABC	$7,500,000
1976	茵斯布魯克（冬季）	Innsbruck (Winter)	ABC	$10,000,000
1976	蒙特婁（夏季）	Montreal (Summer)	ABC	$25,000,000
1980	寧靜湖（冬季）	Lake Placid (Winter)	ABC	$15,500,000
1980	莫斯科（夏季）	Moscow (Summer)	NBC	$87,000,000
1984	塞拉耶夫（冬季）	Sarajevo (Winter)	ABC	$91,500,000
1984	洛杉磯（夏季）	Los Angeles (Summer)	ABC	$225,000,000
1988	卡加利（冬季）	Calgary (Winter)	ABC	$309,000,000

年	地 點		聯播網	金額（美元）
1988	首爾（夏季）	Seoul (Summer)	NBC	$300,000,000
1992	阿爾貝（冬季）	Alberrville (Winter)	CBS	$243,000,000
1992	巴塞隆納（夏季）	Barcelona (Summer)	NBC	$401,000,000
1994	利樂漢瑪（冬季）	Lillehammer (Winter)	CBS	$300,000,000
1996	亞特蘭大（夏季）	Atlanta (Summer)	NBC	$456,000,000
1998	長野（冬季）	Nagano (Winter)	CBS	$375,000,000
2000	雪梨（夏季）	Sydney (Summer)	NBC	$705,000,000
2002	鹽湖城（冬季）	Salr Lake City (Winter)	NBC	$545,000,000
2004	雅典（夏季）	Athens (Summer)	NBC	$793,000,000
2006	杜林（冬季）	Turin (Winter)	NBC	$613,000,000
2008	北京（夏季）	Beijing	NBC	$894,000,000
2010	溫哥華（冬季）	Vancouver (Winter)	NBC	$820,000,000
2012	倫敦（夏季）	London (Summer)	NBC	$1,180,000,000
2014	索奇（冬季）	Sochi (Winter)	TBD	

第五章
個別運動員之贊助

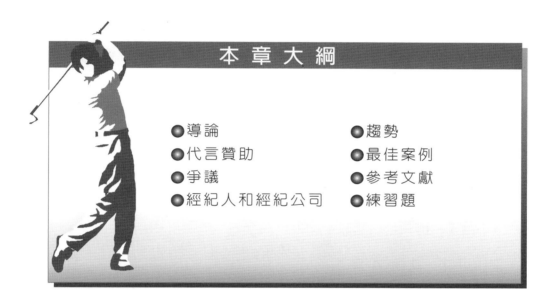

本章大綱

- 導論
- 代言贊助
- 爭議
- 經紀人和經紀公司
- 趨勢
- 最佳案例
- 參考文獻
- 練習題

 導論

　　在 1960 年代早期，很少有運動員能獲得個別贊助的待遇。當時，職業運動員有薪水，巡迴比賽獲勝有獎金，但很少有人能獲得贊助商的支持。知名度要像高爾夫球界的阿諾·帕瑪、蓋瑞·普萊耶和傑克·尼克勞斯，或是網球明星比莉珍金恩（Billie Jean King）和史丹·史密斯（Stan Smith）這樣的大牌運動員，才會受到矚目，並且獲得贊助的待遇。但是在 1972年，某位引人注目的年輕游泳選手，在奧運中贏得 7 面金牌，並開始大談價碼，這開啓了個別贊助競爭的混亂時代。然而在 1980 年代，是運動代言贊助的革命時代；製鞋業及裝備器材業可說是搶著要頂尖運動員，而且贊助費在 1990 年代中期逐漸上升。在同年代後期，製鞋業碰上了衰退期，業界

因此減少了大筆贊助費用的運動員人數。結果是很少有運動員能接到贊助合約，但每份合約的金額相對增加許多。在 2000 年早期，市場景氣有所反彈，許多大型或是領導品牌製造商，開始擴張運動員現在或是長期的贊助合約。

Brooks 和 Harris（1998）提供了一個概念架構，給予運動行銷人員檢測運動代言贊助計畫。他們設計了四種草案：分別是a.直接型（我為此產品背書）；b.間接型（我使用此產品）；c.命令型（你應該要使用此產品）；d.共同出現型（運動員只是與產品同時出現在同樣的地方）（Brooks & Harris, 1998, p. 36）。Stone、Joseph 和 Jones（2003）提出了一些要素給公司法人在選擇贊助運動員前評估用；他們建議運動員要有高度的可信度、要能輕易地被目標群眾認出來、是贊助廠商負擔得起、要有負面名聲的風險，而且要能與產品完美搭配。有研究也顯示，運動員和其背書產品的契合度是很重要的因素。以下有幾個例子來說明這些概念。

代言贊助

數十年來，運動員的魅力一直是不可否認的。正如阿諾·帕瑪和傑克·尼克勞斯代表著一個時代；極限運動的項·懷特（Shaun White）及蘭妮·裴洛希（Leanne Pelosi）則是代表另外的世代。懷特的贊助包括博通滑雪板、歐克萊眼鏡、鳥屋滑雪板、公園城市渡假村、紅牛飲料、塔杰連鎖商店、奧迪歐滑雪板及惠普公司。裴洛希則有三二滑雪板、逍遙人字拖、K2滑雪公司、巨龍公司、營火滑雪服裝、德坎運動背包、紅牛飲料、維斯特手錶、獨奏行動電話、惠斯勒滑雪場及卡斯托滑雪板公司等。身為開路先鋒的滑板高手湯尼·霍克及戴夫·米拉擁有代言合約、鞋類、運動服裝及電動遊戲等贊助合約。他們的單車越野挑戰賽（BMX）及職業溜冰電動遊戲合約在市場上相當暢銷。霍克的代言贊助合約每年約有 1,000 萬美元，而他的電動遊戲銷售量更是產業中的佼佼者。（Bennett, Henson, & Zhang, 2002; Goldman, 2000）

麥可·喬登（Michael Jordan）在 NBA 的芝加哥公牛隊，也定義了運動代言贊助。他是個典型的例子，說明了運動員如何藉由薪水及贊助合約賺進大把鈔票。以他的球技 2,800 萬美元的合約，喬登就足夠生活了。如果加計

外部的代言合約和贊助合約的總合，他就變成相當富裕的人。喬登跟耐吉簽的代言贊助合約是每年 2,000 萬美元，再加上他的其他代言贊助合約如開特力、漢氏及羅優威電池等，在他職籃生涯的最後一年，他所賺的外快金額上升到每年 4,500 萬美元（Spiegel, 1998）。

　　老虎・伍茲在最後一場的業餘比賽之後，隨即就與耐吉簽了合約。一份 4,000 萬美元、為期 5 年的耐吉合約，是在運動代言贊助的歷史上，最賺錢的合約之一。此外，Titleist（高爾夫製造商）邀請伍茲擔任發言人，為期 5 年要花 2,000 萬美元。其他的合約包括勞力士的 200 萬美元和美國運通每年的 300 萬美元。在贏得 1997 年的名人賽後，他也與 Electronic Arts（電玩公司名）簽了以他為名的電動遊戲合約。老虎・伍茲在 2000 年賽季（PGA 冠軍賽、美國公開賽、英國公開賽、加拿大公開賽）重新議約，獲得耐吉為期 5 年的 1 億美元的合約，加上其他總共 4,000 萬美元（2004 年至 2009 年的 5 年間）的別克（Buick）合約（Isidore, 2004a）。老虎・伍茲的收入以 1.28 億美元（2,290 萬美元獎金及 10,500 億美元代言費）在 2008 年居冠。他主要的贊助商包含開特力、別克、豪雅錶、吉利刮鬍刀、EA Sports 及 Accure（全球資訊管理公司）（Freedman, 2008）。

　　他值得這個行情嗎？耐吉的財務資料是支持這個投資的。耐吉的 2004 年高爾夫銷售估計有 5 億美元，是 1997 年的 500% 的成長（Isidore, 2004a）。許多人可能還記得 2005 年大師盃，伍茲的一記切上果嶺，當球在進洞之前，緩慢地移動，而當人們屏息之際，耐吉的商標也隨著人們目光而轉動直到球進洞。這一幕使得耐吉年度生產的高爾夫球在短短的三週內銷售一空（Fullerton, 2007）。耐吉的高爾夫部門代表 Dean Stoyer 說：「沒有人能像老虎・伍茲一樣帶動產品。」（Isidore, 2004a, p. 5）

　　很明顯的，老虎・伍茲是運動代言界中的龍頭。88% 的美國人認識老虎・伍茲，而且有 39% 的人認為他是最受歡迎的運動員（Isidore, 2004a）。然而，名人代言的影響一直是有爭議的。有份問卷調查顯示，只有 4% 的消費者認為產品有名人代言是很重要的（Schlossberg, 1990）。其他資料指出，有 50% 的人認為運動員代言只是為了錢（Veltri, 1996）。再者，Veltri 在 1996 年的研究指出，除了麥可・喬登（現在是老虎・伍茲），很少人能將代言運動員和其代言的產品連結起來。大致說來，籃球

選手比較常被正確認出，而男性代言人則較女性代言人容易被認出（Veltri, 1996）。

在 NBA 傳奇人物麥可·喬登的庇蔭之下，新興曲棍球明星詹姆斯（LeBron James）在 2004 年賽季賺進 1 億美元的代言費，最引人注目的是他與耐吉為期 7 年的 9,000 萬美元合約。詹姆斯簽了不同的合約，包括可口可樂的 Sprite 和勁力品牌（McCarthy, 2003）；巴布里歐（Bubblicious）口香糖公司也和他簽了一個多年的合約，表彰詹姆斯長期的忠誠及喜愛他們的口香糖產品。詹姆斯在 2008 年共簽訂了 4,040 萬美元的代言合約（Freedman, 2008）。

代言收入並不只侷限於美國市場，國際足球巨星貝克漢在 2008 年以 4,800 萬美元領先群倫，排名第二的是 F1 賽車好手雷克南 4,600 萬美元。

有趣的是，一級方程式賽車手擁有他們安全帽的贊助權，而車隊老闆則擁有在車上及賽車手制服的商標贊助。很可惜的是，對於試著藉此賺些費用的賽車手來說，研究顯示賽車手安全帽的曝光價只有 6%；而賽車的車身則有 33%，在賽車手的衣服上則為 24%。另外，西班牙甲級足聯的巴西籍球星羅納丁荷也有 3,750 萬美元。網球高手費德勒也達 3,510 萬美元。不幸的是只有少數女性運動員進榜，其中沙拉波娃以 2,180 萬美元排名第 13（Freedman, 2008）。而墨西哥籍的高爾夫女星歐秋雅也以 1,000 萬美元的收入進榜，這些收入大部分來自墨西哥國營企業（Pitoniak, 2008）。

代言贊助的機會並不侷限於傳統運動。蟬聯 6 屆自行車環法賽冠軍阿姆斯壯（Lance Armstrong）的代言進帳，每年從尋航者（Treck）自行車和可口可樂到速霸陸（Sabaru）汽車總共有 1,600 萬美元。所謂的極限運動，例如滑雪板運動和摩托車越野障礙賽，也有運動代言機會。根據報導，滑板好手湯尼·霍克從他的相關產品賺得了 1,000 萬美元，但最顯著的是他的 Pro Skater 電動遊戲。在 2003 年，它是第一名的運動電動遊戲，而且是最佳銷售電玩的第三名。2006 年冬季奧運金牌及多次極限運動金牌得主項。懷特也和博通滑雪板公司簽訂數百萬美元的代言合約（"Shaun White and Burton Sign", 2008）。

運動員或是運動員的名字在現今的科技的行銷中，已經由傳統的球員卡或是電動遊戲中另闢通路。基本上球員的授權合約管理由球員工會處理，

美國職棒聯盟及國家美式足球聯盟經由各自經營的協會運作，分別是美國職棒球員協會（MLBPA）及國家美式足球員協會處理（NFLPA）。美國職籃球員協會（NBAPA）每年支付 2,500 萬美元給美國職籃聯盟，同時也支付 800 萬美元使用 NBAPA 的商標。2006 年時，國家美式足球員協會僅在球員卡的販賣收入就達到 10,900 萬美元，而出售的收益也達到 1,950 萬美元。在國家美式足球聯盟當中，每一位球員每年收到 48,000 美元的個人肖像權抽成，這包含了球衣、海報及搖頭娃娃。國家美式足球聯盟的球員可以收到 10% 的抽成，但是美國職棒球員協會如果要在球員卡、電動遊戲或是其他商業用途，使用球隊的名稱或商標，則必須支付聯盟 15% 的專利費用（Kaplan, 2008）。

在 2008 年，美國職棒球員協會取得 1,680 萬美元的收益，同時在聯盟商標的使用也有 620 萬美元。而 2006 年當中，每一位職棒球員可以收到 33,675.03 美元的授權商品收入。EA Sports（美商藝電公司）2008 年支付國家美式足球聯盟權利金達 3,510 萬美元以使用電動遊戲權利，例如 Madden NFL 09（勁爆美式足球，電動遊戲軟體），每一位球員因為這個電動遊戲收到 7,500 美元的權利金（Kaplan, 2008）。

 爭議

在 1992 年奧運期間，美國男子籃球隊奪得金牌時，也產生了贊助的爭議。這支「夢幻球隊」的幾位球員與耐吉有代言的合約，但是銳步贊助美國奧會代表團制服。就在頒獎典禮前，有些隊員拒絕穿銳步商標的球衣出場。後來達成的協議是，運動員可打開制服的衣領遮住那個商標，或將美國國旗遮住會引起問題的商標。在 1998 年，美國奧會制定了新的且更嚴格的規則，來約束隊服的商標及修訂運動員的參賽條款。在 2004 年的雅典奧運，就規定了不准運動員「隱蔽或遮掩美國奧會的贊助商、供應商及其商標和任何辨識名牌。」（Lombardo, 2004, p. 5）有些更複雜的狀況，包括飛魚費爾普斯在 2008 年北京奧運選拔賽中，他與其他的隊員戴著有其贊助商的帽子比賽；而在 2004 年的奧運選拔賽時，費爾普斯及其他選手是被允許使用有贊助商商標的泳帽（Mickle, 2008）。

在奧運選拔賽的爭議來自對於身體控制權的曲解，雖然美國游泳協會辦

理選拔賽，但是該賽會仍然是由美國奧會所主辦。而美國游泳協會則宣稱，雖然規則排除了製造商以外的商標，但是他們並沒有倉促地適用這項規定。美國奧會則基於掌握及要求之下，嚴格要求遵守規定（Mickle, 2008）。

在國際方面，國際奧會的規定十分明確，根據 2008 年北京奧運會的國際奧會憲章規定：除了製造商的商標可以呈現於服裝、器材或附屬設備上的適當位置。依據奧林匹克憲章第 53 條細則 1.4 規定，僅能呈現一個服裝製造商的商標，且其尺寸不得超過 20 平方公分（IOC, 2006）。

另一個與北京奧運有關的議題也是來自美國游泳代表隊的教練，舒伯特（Mark Schubert）教練告訴其隊員，如果你不穿鯊魚皮泳裝（Speedo LZR）參賽，你就只能在家的 NBC 看著奧運會進行。這也引起了美國游泳協會贊助商 TYR 泳裝製造業者的法律控訴，TYR 也生產競賽用泳裝，因為這會讓選手產生過度的壓力進而使用鯊魚皮泳裝。最後，美國游泳協會在經過查證之後，仍然因為美國是個言論自由的國家，因此舒伯特教練有權利發表他個人的看法（Henderson, 2008, p. 16C）。

關於女性代言者以及她們常被當作是性感對象上，也產生了一些爭議。據報導，「有些優秀的女性沙灘排球選手進行隆乳手術，有些選手過分訓練其腹肌以獲得堅硬的腹部，被健身房業者拿來當作女性外觀性感的標準。這樣的身體雕塑策略，只是為了用性感的外表來吸引觀眾，以及吸引商業贊助或代言合約。」（Brooks, 2001, p. 1）在 2000 年早期，這個爭議的中心是網球選手安娜‧庫妮可娃（Anna Kournikova）。她在擠進世界女網頂尖好手之列的同時，也獲得了不同公司的代言合約；但在這過程中，她開始專注於她的模特兒事業，而非網球，也因而被擠出世界排名。然而，她的代言費用卻持續上升，因為她占優勢的魅力。根據報導，她每年的代言收入超過 1,500 萬美元；她代言之一的英國公司貝莉（Berlei's）多功能運動胸罩（英國銷售冠軍），特色廣告台詞是：「只有球才需要彈跳。」（McCarthy, 2003）這很明顯地，從體育活動越界到性別操作。Fink、Kensicki、Fitzgerald 和 Brett（2004）將這樣的代言歸納為超性別化的代言。在他們的研究中，他們調查了關於女性的外在魅力或專業能力對消費者的影響。研究發現，專業能力能讓運動員與其代言產品做最有效的連結，所以對消費者的影響也是最佳的。在相關研究中，Brooks（2001, p. 3）指出「使用性別

吸引力策略的行銷人員，很難確定消費者會如何解讀這樣的訊息。」Brooks
聲稱，「使用女性運動員爲性感促進刺激來宣傳運動，長期下來，對運動及
其贊助商來說，並不見得是最有利的。」（p. 8）此外，利用運動員性別進
行行銷並不侷限於女性，足球金童貝克漢在 2008 年與時尚設計領導品牌亞
曼尼簽約，代言引人遐想的內衣廣告。

　　整體來說，在運動代言上，女性比其男性對手的收入少很多。在 2007
年女子網球高手莎拉波娃（Maria Sharapoa）以 2,300 萬美元居冠（Jackson,
2007）。這也包含了與普林斯球拍的 10 年 2,500 萬美元合約。目前，最高
的女性代言合約是由網球選手大威廉斯（Venus Williams）獲得，她是在
2000 年與銳步所簽的 5 年 4,000 萬美元的合約。她的妹妹小威廉斯與耐吉
在 2003 年簽的合約是 8 年，總共 6,000 萬美元（Glase, 2003）。兩姊妹平
均每年約賺得外快是 1,500 萬美元，在 2008 年溫布頓網球賽後代言費勢必
增加。另一位代言金之星是高爾夫球明星索侖斯坦（Annika Sorenstam），
據報她在 2007 年賺得代言金超過 800 萬美元。另外，丹尼卡‧派翠克
（Danica Patrick）雖然未在 2008 年上榜，但是在印地車賽（Indycar）的冠
軍及大量媒體報導，將使她在 2008 年及 2009 年有豐厚的回報。

　　幾乎所有的運動組織都有所謂的「招牌」規則，規定在運動制服上的
贊助商商標大小。NCAA、國家美式足球聯盟、NBA、美國職棒大聯盟、
美國冰上曲棍球聯盟全都有這樣的規則。國際奧會也是如此，但國際奧會
則在 1988 年漢城奧運中學到教訓。他們限制在游泳觸碰墊、起跳站板和計
時器的商標尺寸大小，但並未規定商標的數量。結果，計時器贊助商精工
錶（Seiko）幾乎是將整個計時器上貼滿其小商標；另外也有以刺青做廣告
的爭議，2001 年拳擊手巴諾德‧霍普金斯（Bernard Hopkins）在背後刺上
商標（Golden Palace.com）進入拳擊場。雖然並沒有違反現行法規，但是內
華達州體委會很快地制定法規，禁止未來再發生這樣的行爲。另一個事件
是 NBA 球員華勒斯（Rasheed Wallace）準備考慮某糖果公司的提議，將其
商標刺青在他的二頭肌上。華勒斯婉拒了這個提議，但 NBA 委員大衛‧史
丹（David Stern）批評說：「雖然 NBA 法則並沒有明文禁止使用身體做招
牌……但是它的規則和限制是在於球員代言制服上的商標，所以聯盟能阻止
華勒斯做暫時性的商標刺青。」（McKelvey, 2003, p. 3）然而，在沙灘排球

賽中卻可以看到每個選手身上的代言商標。

2007 年國家美式足球聯盟加快其聯盟商標使用的政策：聯盟將會對聯盟內的隊伍的器材經理罰款，如果他們的球員使用的服裝器材未符合規定。在每個賽會中聯盟將派出檢查員，以確認該政策被確實執行（Kaplan, 2007, p. 5）。事情總是會有例外狀況，美國聯棒大聯盟雖然有嚴格的商標禁止規定，但是在 2004 年洋基隊與魔鬼魚隊在日本的比賽中，穿戴著印有「理光」的袖套。而 2008 年波士頓紅襪隊則穿戴「EMC」（資料儲存公司）在其袖套上。

商標上的爭論不僅止在團隊運動中發生。在 1998 年的美國網球公開賽，大威廉斯由於拒絕衣服上貼上 Corel WTA 巡迴賽的貼布，被女子網球聯盟（WTA）罰了 100 美元。大威廉斯則引述她的銳步合約，「禁止任何其他商標」在她衣著上（Kaplan, 1998, p. 9）。有趣的是，WTA 規則卻寬容允許耐吉。大威廉斯威脅要提出告訴，但最後還是不了了之。銳步則緊急地發表，「大威廉斯可以做任何她想做的事。」（Kaplan, 1998）在 2003 年 7 月，國際職業網球聯盟（ATP）放寬了在商標上的限制。先前的法規是球員不得穿著非衣著之商標在上衣前方。（例如 VISA）。如果球員穿了耐吉 的商標在上衣前方，就得將國際職業網球聯盟的商標放在背後。這樣的修訂是允許非衣著商標和衣著商標的出現，且不要求穿上國際職業網球聯盟的商標。然而四大滿貫的比賽，截至目前仍然禁止非衣著商標在球員上衣出現。McKelvey 解釋這些例子是「說明運動組織渴望和需求，訂定法則且控制其生意和球員，與個別運動員的自由意願特別是他們在追求代言的機會之間的緊張程度。」（McKelvey, 2003, p. 3）

接著是控制掌握的議題，NCAA 曾經在這個議題上遭遇到訴訟的狀況。在 1998 年，愛迪達對 NCAA 提出告訴，因為它禁止製造廠商的廣告商標，但卻允許自己的商標、賽會名稱和足球贊助商的商標超出其標準。在 2004 年，有幾位賽馬騎士進法院且贏得在他們衣服上賣廣告的權利。「我知道有些人怕看到騎士變成貼滿商標的全國運動汽車競賽協會駕駛，毀掉其尊嚴和美好的往日時光。但如果像高爾夫名人賽這樣富傳統的比賽項目，都能接受老虎・伍茲和耐吉天花亂墜的宣傳，掌握運動王國的權威人士絕對可以施點小惠給這些有需求的運動員⋯⋯。」（Isidore, 2004b）。再說，這些

騎士除非是前三名，否則每場比賽可能只能賺得區區的 56 美元。

 ## 經紀人和經紀公司

　　典型的行銷經紀人，就是協助運動員尋找贊助廠商和產品代言人。然而許多運動員也有相關商業及行銷需求，例如：個人公開曝光、言論保證、螢光幕露臉、電視、平面廣告和投資管理部分。而獨立的行銷經紀人少有可以完全勝任且提供所有上訴的服務，因此也使經紀公司應運而生，以提供運動員來自不同領域專家的完整配套服務。

　　這些公司不僅代表運動員，它們也提供行銷及贊助服務，同時它們也擁有許多大型賽會的所有權。就全球而言，有許多的公司也提供類似的服務內容。在 2005 年創新演藝經紀公司（Creative Artists Agency, CAA）就結合運動員與演藝人員的服務。自從 2007 年開始，創新演藝經紀公司就僱請運動經紀高手來從事及服務運動客戶。而 2008 年因為他們服務的運動員薪資使公司排名第一，例如它們並不僅代理湯姆・克魯斯（Tom Cruise）、布萊德・彼特（Brad Pitt）、卡麥蓉・狄亞（Cameron Diaz），也代理了裴頓・曼寧（Peyton Manning，印地安那小馬隊四分衛）、德瑞克・基特（Derek Jeter，美國職棒大聯盟洋基隊球員）、足球金童貝克漢及其嬌妻薇多莉亞（David and Victoria Beckham）。另一個娛樂經紀公司（瓦瑟爾曼媒體集團，Wasserman Media Group）也積極地朝向運動員經紀的領域中邁進。國際管理經紀集團（IMG）植基於網球及高爾夫，自從 1960 年代他經紀阿諾・帕馬（Arnold Palmer），現在的老虎・伍茲以及娜塔・葛碧絲（Natalie Gulbis），同時也代理網球的沙拉波娃及費德勒。八方經紀公司（Octagon）在 2008 年也因為飛魚費爾普斯的八面奧運金牌而坐大。為了讓讀者更了解經紀人之代表方式，在本章最後附上了經紀人與運動員管理合約的樣本以茲參考。

　　在行銷及代言企劃中，經紀人費用可高達 5% 至 15% 之多。然而，在美國職業運動聯盟（NBA、WNBA、美國職棒大聯盟、國家美式足球聯盟、國家冰上曲棍球聯盟）運動員公會，限制了合約上的經紀人費用為 3%。主要的問題是，這個費用的百分比是以什麼貨幣來計算，而且這筆費用究竟是以運動員的薪水來計算，還是整份協商合約的總價值來計算。

平心而論運動經紀人，他們應該保障其代理運動員的最佳利益。事實上，以他們的專業知識來看，他們會比運動員更了解其身價，而且也較了解怎樣的條款對其合約較有利。也就是，經紀人會比運動員更適合進行合約內容的協商及談判。

 ## 趨勢

　　雖然大多數人認為有名的運動員，不管是（團體或是個人）對於產品代言及為企業發言是有其效力，但是有指標顯示時代在改變。在 1990 年代末期，許多主要的鞋業製造公司縮減其代言合約。例如在 1995 年，銳步公司有 130 位 NBA 球員在其代言合約中，但在 1998 年時就縮減只剩 10 位而已（Lombardo, 1998）。雖然有報導表示，這樣的縮減是由於公司年收益的改變，但是有些人認為球員「吊兒郎噹」的態度及消費者的冷淡才是主要的原因。同樣的，由於市場情況及銷售的衰退，耐吉也刪減了相當程度的代言經費（Mullen, 1998），2000 年中期開始逐步回升。這樣的趨勢，也延伸到其他運動產業。「跟著鞋業大幅減少其代言合約的趨勢，由於銷售的下滑，美國高爾夫球頭製造廠也減少了其代言的高爾夫球員。」（Mullen, 1998, p. 3）

　　在 1990 年代，企業開始質疑代言活動中運動員的可靠性及內涵。由於一些行為不檢和有犯罪行為的運動員，例如泰森（Mike Tyson）和史比威爾（Latrell Sprewell），更突顯了這樣的質疑。泰森因為強姦罪遭到監禁，而史比威爾則在球隊練習時企圖勒死教練。幾年後，史比威爾透露曾向球隊所有人說道：「儘管告訴我多少罰金，讓我不要出現在法庭上，而我馬上就寫支票給你。」因為 NBA 的球員集體合約中規定，球員若因為球團的要求，則必須出庭六次。事實上，類似的案件也出現在今天。

　　有些運動員的行為雖然沒有犯罪的性質存在，但是確實會造成賽會組織及贊助商的困擾。在 2008 年的國際滑雪總會的高山滑雪錦標賽中，滑雪高手博德·米勒（Bode Miller）製造了贊助商的許多困擾。當米勒在 2006 年奧運失利之後，許多的贊助商調降米勒的代言等級，雖然成績並不見得是主要因素，但是總會給媒體一個交代。在 2007 及 2008 年的賽會中，米勒成立自己的支援團體——「Team Bode」獨立於美國滑雪代表隊。然而，國際

滑雪總會規定他在賽會中必須穿著美國滑雪代表隊的團體服裝。有些贊助商很高興能夠與米勒結合而不必付出任何權利金，而有些贊助商則困擾於因為不同狀況被他所連累，儘管這些贊助商並不正式與他簽訂合約。

因應這樣的事件，現在大部分的代言合約都包含了特殊條款，以防運動員或教練因為醜聞而對贊助廠商造成負面的影響。有些合約還保留了得以隨時中止合約的權利，以防代言運動員因任何不當的行為而詆毀、汙辱或侵犯到社會大眾的道德標準及行為準則，因而大大地降低其商業價值（Hein, 2003）。

為防止這樣的事件發生，有些公司轉以簽署優秀的女性運動員為代言人。「今日女性優秀運動員所帶來的收穫，遠遠超過男性運動員。她們更樂於在海報上簽名，並且花時間來激勵年輕球迷。」（Rodin, 1998, p. 34）。她們也比較不會做出傷風敗俗的或不道德的事情，而使其代言公司蒙羞。Stone 等人（2003, p. 101）指出：「我們的研究顯示，女性運動員的代言機會正持續增加，而且現在優秀的女性運動員，能跟男性運動員有效競爭，並獲得價值高的代言合約，而以往這些合約都是由男性運動員獲得。」這個趨勢很明顯，各家公司尋求的是「潔白無瑕」的形象，而今日女性運動員正符合這個條件（Gatlin, 2003）。

Cordiner（2002）提出另一個因應方案為「泰森因素」（Tyson Factor），它是指公司會因此傾向尋找團隊或比賽項目的代言，而非個人的代言，而這也是未來的趨勢。團隊或比賽項目的壽命比個人球員來得長，所以對市場的影響力也比較深。另外，還有由 Volvo 的「聰明贊助」（Smart Sponsoring）對各個公司的建議，「將錢投資在運動本身或其關聯的賽會，而不是個別的運動員。」（Volvo and Sport Sponsorship, 1990, p. 5）

然而贊助賽會也不是完全零風險，美國司法部調查了 2002 年的冬季奧運賽會，它牽涉到賄賂國際奧委會成員及其家人，以獲得奧運主辦權。有些贊助廠商，如 Qwest 通訊，表示他們「對近來的賽會活動很失望，奧運活動的負面報導大大地降低了它的價值。」（Finley, 1998, p. 15A）

儘管運動員代言上有些許問題產生，但是這些個人的代言贊助安排，在行銷產品及服務運動界還是相當有效。在本章最後附上了行銷個別運動員贊助的練習題，可供讀者實地操作。Brooks 和 Harris（1998）指出，最有

效率的代言合約，包括在代言者形象和產品或服務形象之間的高度一致性；事實上，在 Boyd 和 Shank（2004）對代言效率的研究中指出，在代言運動產品上（相對的是非運動產品），運動員代言是最有效的。這個概念呼應了在第三章所提 McDonald（1998）的主張和在代言效率上的研究（Boyd & Shank, 2004），仔細地將代言贊助與公司特性配對是非常必要的。

最佳案例

◆ 個人財務管理合約樣本

　　本合約＿＿＿＿年＿＿月＿＿日所訂定，由＿＿＿＿＿＿＿簽訂（以下稱為「運動員」）和＿＿＿＿＿＿（以下稱為「經理人」）為尊重彼此所訂定的約定，運動員和經理人雙方同意遵守下列條約：

1. 財務管理服務

　　經理人在此保證且代表運動員，經理人擁有合格大學的商業管理及法律學位，且在會計與行銷兩個主修領域上修習足夠時數，同時在投資上有一定經驗及訓練。運動員在此聘任經理人進行專業顧問計畫，協助運動員管理其職業運動表現之收益。經理人提供信託能力的服務，以保護運動員的最佳利益及確保運動員的最佳表現等，任何直接或間接關係到運動員的財務狀況的所有情事之服務，經理人不得在未經運動員同意之下，為運動員承接或簽署任何合約或同意書。

　　經理人提供運動員之財務管理服務，如下：（1）報稅計畫及政府所得稅退稅之準備；（2）每月或每年協助運動員決定其所得的最佳預算規劃；（3）協助運動員拓展投資目標；（4）協助運動員評估所有投資機會；（5）協助運動員提供適當合格的專業服務，任何運動員需要的服務，如法律、會計、地產計畫、投資和保險之類的服務，經理人都必須協助完成。

　　上述（5）所提出經理人須提供的專業服務，經理人必須以所提及的專業領域的正常收費標準，來提供所提及的服務。

2. 財務經理人報酬

運動員合約的第一條款如上述，經理人所提供給運動員的服務，運動員須支付經理人代表協商之合約（於＿＿＿＿年＿＿＿月＿＿＿日執行），總額爲運動員年度合約總收入的 3%，包括基本薪水、簽約紅利、報到紅利及小組紅利，及所有運動員由其球團所收到的收入。

3. 投資服務

經理人同意隨時讓運動員知曉任何有利於運動員的投資機會。所以經理人要幫忙運動員獲得他期待的投資機會，要隨時讓運動員了解投資機會的正確訊息，且至少向運動員做每季的投資狀況報告，如果投資狀況資訊並無法在此期間得知，則要在收到投資狀況紀錄報表時，立即向運動員報告。

運動員可自行判斷，透過書面文件授權經理人，代爲處理其投資項目的所有權利事宜，例如收入、投資標的物之收購、出售或轉換。

4. 報酬

運動員應支付經理人由該經理人代爲處理之投資收益的 5%。爲達本條款的目的，若經理人是替運動員找合格執照投資仲介人所做之投資，運動員則不需支付經理人依投資所得價值比例計算之酬勞。

5. 個人曝光服務

經理人應盡其最大的努力協助運動員維持良好的公眾形象，例如公共談話、商業代言、簽名會、促銷活動、執照安排和曝光於大眾媒體的形象等，不侷限於上述活動。運動員應盡其最大的努力，改善並加強公共演說能力，及其他能提供個人或所代表組織之良好公眾形象的相關才能。

6. 報酬

經理人爲運動員的所有公開曝光機會所盡之努力，運動員應支付經理人因公共曝光所得之收入的 15%。爲達公共曝光率機會之目的，經理人應負擔該機會所產生的費用，除非運動員同意且簽署支付補償經理人這個費用。

7. 費用
除上述條款 6 所提及之費用，運動員應補償經理人在本合約其他條款中所提及之服務，經理人為運動員所支付之費用，經理人應提出費用明細給運動員。
8. 合約
本合約是由運動員及經理人兩方同意且共同簽署而訂定。不得以口頭方式更改本合約。
9. 條款
本合約之有效期限為簽訂開始的一年期間，或由經理人代表運動員所商談簽署的最後一份合約的有效期為期限。然而，運動員及經理人雙方都有權中止本合約，以透過親自書寫文件或郵件方式，寄至對方的最後地址，在此合約終止所產生的費用應由中止方支付給另一方。
10. 政府法令
本合約受＿＿＿＿＿＿＿政府之法令約束執行。 　　在簽署本合約前，請仔細檢視本合約內容。 　　由簽署雙方共同見證簽署。 　　代理人　　　　　　　　　　　　　運動員 　　＿＿＿＿＿＿＿＿＿＿＿＿＿　　　＿＿＿＿＿＿＿＿＿＿

練習題

　　本練習題提供發展各項贊助計畫的指引。以下練習題是關於個別運動員獲得代言方面，完成下列練習題以作爲設計贊助計畫的準備。

1. 具體說明你的運動員的形象、個人嗜好、厭惡的東西以及表達能力。

2. 列出你的運動員目前所使用的產品清單。

3. 確認可能的「實物贊助」機會。

4. 報告將影響代言形象所做的特別強加的運動時間限制。

5. 估算你的運動員的相關價值，並與其他運動員比較。

6. 腦力激盪列出可能贊助公司廠商的目標族群。

7. 研究最有可能接觸的公司廠商。

8. 彙編運動員配套計畫，包括介紹信、運動員自傳、照片、先前代言紀錄及家庭背景。

9. 製作簡報資料或郵寄配套給可能的公司廠商的時間表，並設定本身可接受的回覆時間。

10. 建立成果檢查清單以追蹤績效。

第六章
財務建議

本 章 大 綱

- ● 導論
- ● 贊助價碼
- ● 成本加成定價法
- ● 競爭市場策略
- ● 相對價值方法

- ● 共同資助
- ● 小額預算贊助
- ● 最佳案例
- ● 參考文獻
- ● 練習題

 導論

　　在運動贊助上牽涉到的財務方面是相當驚人的。正如在第一章提及的，在 2008 年全球花在贊助代言上的金額估計有 430 億美元。同時，要了解的並不是所有的贊助代言都有金錢往來。成功的贊助代言，常是以提供廠商的產品或服務為主。這被稱作「商品贊助」，而且大約有 40% 的贊助合約包含了這種供應條款，包括產品和服務的提供，本書也列舉了一些例子。很多大專院校以制服和鞋子上的招牌交換進行贊助代言；奧運會也有電腦和資料處理的贊助；也有很多路跑賽接受能源飲料的贊助，而在路旁的圍欄上做廣告。然而，值得注意的是 1996 年殘障奧運的執行長 Mike Mushett 所說的話：「沒人能達到 M & M's 巧克力和可口可樂的贊助總額。」（Mushett,

1995）

　　贊助廠商要的是對它的投資有正向的回饋。達能公司（Dannon）計算了他們在達能兩項（Dannon Duathlon）冠軍賽系列的贊助是正向的回饋。每年 8 次的賽事中與當地零售業者合作，達能公司能從他們投資的 25 萬美元中，回收高達 75 萬美元（Dannon sponsorship, 2003）。Ukman（2004）同時也提供了如何計算一場船艇秀的投資回收率，收錄在本章後面的「最佳案例。」

　　當許多贊助商要求明確的投資回收率時，有些專家則將重心放在回收目標上。在 2008 年贊助評估高峰會中，瓦塞曼媒集團副總裁伊莉莎白·蘭茜說：「運動贊助沒有一個計算投資回收率及目標回收率，雖然如此，仍應該繼續有系統的評估。」（Lindsay, 2008）Skildum-Reid（2008a）建議：「有些投資可以明確計算現金回收，但是大部份則無法計算。最新的思考方向是目標回收率的模式。」（P. 5）這個模式讓公司建立預算來完成特別的贊助目標，它也能夠精確地符合接待的目標，而不是從困難的現金回收計算標準上評估。

　　愛迪達和坦帕灣海盜隊（Tampa Bay Buccaneers）的贊助合約細節可提供很少見的財務贊助見解（Friedman, 1999, p. 36）。坦帕灣海盜隊為了愛迪達的新體育館，將所有的配套贊助合約集合在一起。透過一份 170 萬美元的 5 年合約，愛迪達同意贊助提供價值 440 萬美元的產品和 675,000 美元的社區拓展計畫。整個配套包括：

1. 2 個 22×28 英尺的三螢幕介面的計分板；
2. 1 個 5 英尺高的公司招牌放置在底層包廂樓層；
3. 1 個 16×40 英尺設計有公司商標的主題壁畫放置在體育場主穿堂；
4. 6 個新穎的招牌立台；
5. 比賽中每 1/4 場都要在記分板上秀出贊助廠商的名號；
6. 在《國家美式足球聯盟》雜誌（*NFL Insider*）上的兩頁全版廣告；
7. 在海盜隊時事周報中定期的報導；
8. 在體育館中所辦的每場比賽中懸掛廣告布條；
9. 在每隊的官方網站的曝光；
10. 提供 16 人的包廂 1 間；

11. 提供主場比賽 70 張季票；

12. 超級盃的門票 16 張；

13. 4 張停車證；

14. 辦理一場可容納 100 位客人附餐點的聚餐；

15. 在每賽季設置當日並提供 20 位貴賓觀賞練習賽；

16. 每季提供 4 位貴賓觀看比賽的單程票（Freidman, 1999）。

在這個配套裡，並無任何一個項目是個別叫價的，所有項目都合在一起，並以一個總價計算。

 ## 贊助價碼

運動行銷專家對爭取贊助案所需要知道的第一件事，就是沒有贊助商會在意你的運動組織需要多少錢；運動贊助專家 Kim Skildum-Reid（2008b, p. 9）說道：「你所需運轉賽會的金額並無助於品牌價值，了解嗎？毫無助益。他們只在乎能從合夥關係中獲得多少價值。對贊助價碼的訂定有幾個不同方法，已廣泛地被運用在這個行業中。」Brooks（1994）整理出訂定贊助價碼上 3 個最常用的方法：

◆ 成本加成定價法

這個方法就是計算提供贊助配套所產生的真正費用，加上給組織要求的相關費用。成本包括以下所有項目：門票、停車、用餐、紀念品以及招牌等。美國奧委會有效地使用這個方法，為美國奧會所舉辦的年會取得完整贊助配套。在使用本方法，記得要包含與上述項目有關的勞力成本計入，如此才能有效管理真正利潤。

◆ 競爭市場策略

正如其他的產品標價策略，你必須要與對手的贊助選擇做競爭，然而問題在於如何找出對方價格。在贊助界中，要知道對手的配套價格架構是相當困難的。最好的方法之一是閱覽主要的商業刊物；在運動贊助上的領導刊物是 *IEG 贊助報告*（*IEG Sponsorship Report*）。這個雙週刊包含了贊助界上所有的主要活動，也包含了業界龍頭的訪問。例如該刊物追蹤了遍及全球

的贊助開銷，且提供北美及全球的趨勢。另一本值得注意的刊物是《運動商業週刊》（*Spots Business Journal*）。這個刊物並不只有報導運動贊助的內容，它還報導了相關主題的各類文章；而 *IEG* 贊助報告，則是在每季有系統地列出所有主要贊助的價格。

◆ 相對價值方法

　　這個標價方法是以每個贊助要素的市場價值做考量。例如如果你將紀念品的廣告也算在贊助配套中，你可將這個要素跟它在報紙上的廣告價值和效益做比較。記分板上的招牌可和廣告牌的成本做比較，擴音告示可和電台廣播廣告的成本做比較。你需要確認這樣的比較是合理的，還有是否達到相同的影響。這可以檢視每千人成本來完成（Cost per Thousand, CPM－M 代表的是羅馬數字中的 1 千）。即使你的千人成本是比較高的，你可證明你的觀眾要比大眾媒體廣告的人口統計媒合來得好。有報告顯示，以比賽項目為主的媒體元素，比直接的廣告訊息效果差。它們的建議價值大約是媒體成本的 20%，但是，如果比賽項目提供了電視轉播的實際廣告時段，以及媒體贊助商提供的有效廣告空間，這樣的價值將會與提供給其他廣告商的完整費用相同（Stotlar, 2001; Ukman, 2004）。

　　Grey and Skildum-Reid（2007）建議在支出上，媒體贊助的比重與媒體夥伴比較應該在 3：1 至 8：1 間。另外的建議是要明確指出與提供媒體的競爭對手之不同處。你也應該在協調的過程中投入，以掌握廣告的進程。

　　為了協助比賽主辦者確認對贊助商的投資回饋，Joyce Julius & Associates（贊助評估商）在 20 餘年來一直都提供相關的參考資料。他們列表顯示在主要比賽的電視播報範圍，贊助商的商標所出現的總時數，然後再依據同時段的30 秒廣告成本，總結出這樣的曝光價值為何。例如在 2008 年全國運動汽車競賽協會系列的資料指出，雪佛龍是第一個曝光價值突破 2 億美元的贊助商。它的商標在電視上總共出現有 15 小時之久，且被提及有 450 次之多。商標的放置位置也很重要；無庸置疑地，在全國運動汽車競賽協會中最好的位置是在前後車蓋的四分之一面板上。然而，就算是像 3M 這樣的公司，也在汽車擋泥板上做廣告，產生了 800 萬美元的曝光價值。在 2004 年的美式足球季後賽的資料顯示，在 20 碼線上的商標布置勝過中場的位置（Joyce Julius, 2004a）。甚至是在騎士背上受爭議的商標，也在 2004

年的三冠王大賽產生了非常顯著的價值。贊助商的商標顯現在 Smarty Jones（賽馬名）的騎士伊禮樂（Stewart Elliott）的衣服、帽子和褲子上，為贊助商賺進了 834,160 美元，是 1 比 31 的回饋淨值（Joyce Julius, 2004b）。

　　在 2008 年，Nielson Sports 發表了「尼爾森贊助分數板」（Nielson Sponsorship Scorecard）以迎戰它的對手 Joyce Julius。它們也是依循著同樣的步驟進行研究，只有一點不同的是，Nielson Sports 的概念延伸到在運動頻道，例如 ESPN 運動中心，螢幕上的商標和招牌的出現情形。有些報告爭論說，同樣的廣告訊息在螢幕上出現商標並無法真正傳達，一個 30 秒的廣告還比較有用。然而，事實也不全對，因為有些觀眾會一直轉台，還有使用 TiVo（沒有廣告的電視系統）系統不看廣告的觀眾，就只能在播放賽事時接收訊息。或許有個聰明的辦法，就是使用比例數字來評估曝光的價值。*IEG* 建議贊助商應用 1 比 5 的比例，來評估在螢幕上出現商標的價值，以對應廣告的實際成本（Ukman, 2004）。

　　贊助商也都會使用所有的價格評估方法，來分析所有的贊助配套。國家銀行的運動暨賽會行銷副總說：「當我接到一個提案，我會先做一份支出分析報表，以實際費用來對照每項資產所提供的收益。」（Goldberg, 1998, p. 29）

 ## 共同資助

　　要有效地支持一項運動贊助方案，公司必須肯花費額外的金錢來推銷他們的贊助案。要增加贊助商的能見度且活化消費者，所需花費的額外費用金額多寡，每個公司都不一樣。基本原則是，贊助商必須至少要花費等同於其贊助關係的權利費用，才有顯著的影響（Grey & Skildum-Reid, 2007）。Nextel 每年在全國運動汽車競賽協會贊助關係的費用是 4,500 萬美元，包括了贊助商保證支出相當的金額來行銷關係（Rovell, 2004）。可口可樂評估它的比例數字是 5 比 1，他們在贊助關係費用上每支出 1 美元，就支出 5 美元的促銷及廣告費用。AT & T 花費了他們贊助成本 6 倍的金額，來讓他們的贊助關係「為消費者所知」（Ukman, 1998, p. 2）。其他相關單位建議贊助商至少要花費等同於其贊助關係的權利費用，來做有效的促銷（Bernstein, 1998; Stotlar, 2001）。若只是單純的贊助關係，沒有附屬資助

的話，很難產生所想要的結果。這樣的夥伴關係，要經由贊助商及組織的所有層面來產生影響力。

小額預算贊助

在大部分的小公司和機關部門裡，並不會多花費 70 萬美元預算來建立高價的運動贊助關係。然而，有些公司成功地以低預算的贊助關係，造就良好的結果。甚至是在奧運的等級上，贊助商也能以少數的金額獲得最佳效益。在 2002 年冬季奧運賽，贊助美國競度滑冰代表隊隊服的贊助商，在費茲南多夫（Casey Fitzrandolf）贏得了 500 公尺的金牌時，其商標也一起登上了 *Sports Illustrated* 的封面。在 *Sports Illustrated* 一頁全彩的廣告要價 20 萬美元，要在封面上呈現更是天價。另一個例子是，專門承做保時捷相關的設計公司Bavarian Coachworks，只花了 4 萬美元就獲得了有 17 個項目的賽車比賽黃金時段的廣告。老闆指出這則廣告增加了他們 60-70% 的營收，這個結果是他們贊助成本的很多倍。地區性的賽車比賽贊助賽甚至會更便宜，有些賽車手為了讓自己看來更像「真正的」贊助賽車手，幾乎是將其車身免費送出做廣告。

有時候，運動行銷專員需要向贊助商募款（此特殊策略的相關細節將在第八章介紹）。如果行銷專員清楚且精確地秀出其財務收益，就會更容易取得贊助。運動行銷專員提供的是一個服務，是可用金錢算出的真正收益，不是要求慈善捐款的。當談到「錢」的時候，如果贊助商要以 3,000 美元來要求 1 萬美元的配套服務，運動行銷專員應該要掉頭就走。一個良好的贊助配套將會互蒙其利，以這樣的商業手段及態度進行，應該會有正向的回饋。一個優秀的運動行銷專員，應該要能提出資料證明，他的運動贊助計畫並不花錢，而是賺錢的。

最佳案例

以下的例子是由 *IEG* 整理出來的案例（Ukman, 2004, p. 4），是計算贊助計畫回饋的最佳案例。這裡詳細說明了一場汽車船艇展，贊助廠商所投資 5 萬美元的結果，其目的在於增加多功能休旅車（SUV）的銷售。

⚽	船秀招待	= 40,000
⚽	出席者光臨攤位且試乘	= 14,000
⚽	光臨攤位後，進而光臨經銷商試乘（7%）	= 980
⚽	試乘後於 12 個月內購買（12%）	= 118
⚽	每輛車的平均收益	= 2,000 美元
⚽	贊助關係的毛利	= 236,000 美元
⚽	權利金	= -50,000 美元
⚽	生產及促銷成本	= -50,000 美元
⚽	淨利	= 136,000 美元
⚽	投資回收率	= 136%

練習題

　　這些練習題提供發展不同面向的贊助計畫的指南，以下的練習題包含了贊助價碼的財務觀點。完成下列練習題，可協助設計贊助計畫做準備。

1. 用「成本加成」方法來計算你的贊助關係的價格。

2. 將你上述的「成本加成」贊助價格，與類似的贊助計畫市場價值做比較；且評估你的贊助價格調整的需要為何？

3. 檢驗你的贊助計畫中的媒體與零售相配合的部分（如果適用的話），完成一份「相對價值」的估算；且評估你的贊助價格調整的需要為何？

4. 調查你的組織對贊助商的產品或服務的需要，且列出可能的商品贊助清單及適當的價值。

第七章
發展成功的運動贊助提案

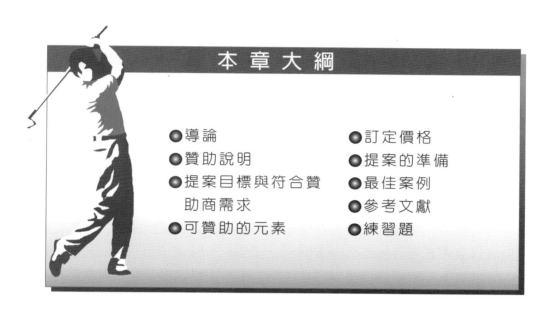

本 章 大 綱

- 導 論
- 贊 助 說 明
- 提 案 目 標 與 符 合 贊 助 商 需 求
- 可 贊 助 的 元 素
- 訂 定 價 格
- 提 案 的 準 備
- 最 佳 案 例
- 參 考 文 獻
- 練 習 題

 ## 導論

　　本章節要討論的是關於運動贊助提案的發展,以業界實際案例做說明,呈現此領域的綜觀及概念的模式。以介紹特定例子及程序,建立符合自身組織的運動贊助範例。

　　以行銷觀點來看,運動是相當有獲益的潛能,而贊助提案則是非常重要的關鍵。運動經理人的任務是報告如第三章討論到的內容,要切合贊助商的獲益和需求。而且,很明顯的公司要的是多一點彈性,而不是所有元素都綁在一起的配套。曾有位公司總裁就說過:「大部分的資產配套是包括了他們在銷售上的需求,但並沒考慮到他們夥伴的價值。」(Goldberg, 1998, p. 29)這個為人偏好的策略可以仔細地檢驗每位贊助商,且發掘每位潛在贊

助商的需求。

　　要取得有贊助運動項目的公司內部運作資訊，最好的來源之一就是先前提及的 *IEG* 贊助關係報告。這個由芝加哥的國際賽事集團所發行的雙週刊，提供了贊助配套及相關組織的詳細分析。他們也時常會列出對不同公司的贊助提案的需求。

　　獲取關於潛在贊助商的資訊是很重要的。如果是上市公司，他們就必須要對證券及交易委員會（SEC; Securities and Exchange Commission）做年度報告。而這個給證券及交易委員會的年度報告，可以在證券及交易委員會的網站 www.sec.gov 取得，也可在公共名冊年度報告服務（Public Register's Annual Report Service）的網站 www.prars.com 取得。這兩個網站提供了在架構贊助提案上非常寶貴的資料。

　　為了能有效處理日益增加的贊助提案，很多公司將贊助提案系統轉成網路登錄。為達有效處理的目的，有些公司對提案訂定特別準則。以下提供從相關網站取材改良而成的贊助範例（如範例所示）。其他公司會考慮任何賽事主辦者或場館所有人所需的合理形式。此外，原本贊助提案的專家及用字範例收錄在本章節最後的最佳案例。

　　在過去十年來，隨著業界日益成熟，提案的複雜程度也相對增加許多。因此，照本宣科的提案很少是能用的。為了節省時間，有些運動贊助提案人試著設計能對不同贊助商都能適用的提案模式。這種固定模式的提案，通常包含了某組織蒐集來為其贊助關係配套的整個資產清單目錄，但卻很少注意到要為目標廠商做配套，僅用簡單的剪貼方式來產生很多的提案。Lauletta（美樂啤酒公司的運動賽事行銷主任）說：「我仍會收到應該以美樂為名的提案，卻有酷爾斯啤酒和海尼根的名稱，令我驚訝的是怎會有人這麼懶惰。」（Lauletta, 2003, p. 8）提案收件者常常收到這類沒有創意的提案，而這樣的提案也通常會被扔棄。

贊助提案形式範例

賽會名稱
賽會管理聯絡人
　　姓名
　　職稱
　　住址
　　電話
　　傳眞
　　E-mail
賽會經營管理經驗
位置
場館
賽會性質描述
形象媒合及統整
賽會數目
　　　單場賽會
　　　系列賽會
賽事期間
　　　提議的日期
觀眾人數
觀眾人口統計
　　　性別資料概況
各年齡層的百分比
　　　收入階層百分比
　　　種族資料概況
　　　生活型態特徵（興趣）
媒體資料概況（註明合約包含範圍、歷史沿革或企劃包含範圍）
　　　電視
　　　報紙

廣播電台
促銷方案（註明包含範圍種類、長度、單位、頻率、產品明細和贊助商
的取得）
　　　電視
　　　報紙
　　　廣播電台
　　　網站
　　　郵件
　　　資料庫
　　　公關活動
　　　現場行銷活動
贊助的等級（頭銜、描述、供應商等）
贊助種類、因素及獨有性
先前的贊助商（列出公司、種類、等級和年份）
現有和提議的贊助商（列出公司、種類、等級；並指出是否已有合約或
只是提議）
可贊助的元素及利益
　　　招牌
　　　場地的廣告訊息
　　　附加的媒體廣告
　　　招待（套房、門票、通行證、停車證以及餐飲）
　　　賽會之前的活動
　　　賽會之中的活動
　　　現場產品試用
　　　現場產品展示
　　　現場產品銷售
　　　典禮儀式
　　　名人／運動員／VIP 的參與及出席
　　　商品贊助機會
　　　交叉促銷機會

> 授權商品
> 賽會之後的活動
> 其他
> 確認評估報告的基準
> 基本理由（說明這樣的機會為何，且如何會是贊助商的需要）
> 預算及收益價值

　　Ukman（1995）表示要完成優質的贊助提案，需要提及一些特點。她強調提案應該要推銷其「利益」，而不是「配套特徵」。廠商高層要的是能為公司有效產生利益的促銷平台。所以，提案的重點應該是在贊助商的需求上，而不是提案組織的需求。Ukman 指出很多提案都花太多內容，強調組織需要錢的原因或是賽事的重要性。

　　「一個成功的提案是依廠商的需求量身訂做的，照本宣科的提案是不管用的。」（Ukman, 1995, p. 2）正如第三章討論過的，具體的提案特徵或許符合一些廠商的形象要求，但有些廠商需要的是產品試用。運動行銷專員應該要努力去展開與廠商提案前的會議，以決定提案要以哪個方向切入，來切合廠商的特別需求。事前一定要做功課、研究廠商背景、了解廠商，這樣才能在討論中有正面的回饋。只有這樣才能發展出一份有效率的贊助提案。在提案中也要解釋所產生的利益，將如何平衡廠商現有的行銷方案，以及如何達到更進一步的影響。最後要強調的是，最棒的提案是精確地傳達彼此結盟及策略夥伴關係的優點，說明這樣的合作關係能達成單方無法達到的效果（Ukman, 1995）。

贊助說明

　　發展傑出贊助提案的第一步，是對組織的賽事或場館的描述。這包含了歷史背景、組織運作沿革以及運動事業的架構。大公司會想了解與其合作的是怎麼樣的組織。紐約運動高峰會提出：「如果要贊助一場比賽，我會要看這些合作夥伴的財務歷史。他們能負擔多少費用？這場比賽真的會成功嗎？這聽來或許有些蠢，但是有太多人不問這些問題，卻因此而付出代價。」（Macnow, 1989, p. 39）

提案目標與符合贊助商需求

正如先前所提及的，配搭關係必須建立在公司目標及有效的贊助機會上。因此，提案目標一定要清楚地標明，整個贊助關係能如何為贊助商帶來利益。一定要根據目標市場的人口統計、心理分析表、形象機會、察覺策略、市場占有率增加，以及企業對企業的關係來描述明確的目標。

行銷實務已由產品導向轉為市場導向，贊助關係也因而不同。在早期的贊助關係上，提案組織會將「金、銀、銅」等級之方案搭配，向有可能的贊助商提案。這種日子早就過了，現在最重要的是彈性及客製化的服務。提案組織往往只重在銷售提出的可贊助元素，而不是依可能贊助商的需求提供更多選擇。Seaver 在 2004 年的公司問卷結果建議，市場行銷專員的贊助提案要密切配合未來贊助商的企業目標；特別注意這些因素，可能會帶來長期的贊助夥伴關係。

贊助的元素

個別的贊助元素應該要讓贊助商有詳細的了解。所有可能的活動或計畫的賽事應該要有詳細的描述，這包括了在活動或賽事中所有對公司的良機，同時要與標準的企業實務做連結，而這已被證明是會有正面的成果。這些成果應該要清楚地與可行的贊助元素結合。舉例來說，大部分的公司都有定位策略。因此，提案應該要敘述贊助關係的特點是如何幫助強化贊助商在消費者心中的公司定位。

重新檢視在第三章提到的贊助商需求，會是個好的開始。在比較贊助商的需求時，運動行銷專員要傳達組織能提供的利益審計。在運動組織的周圍一定會有自然因素。例如體育館的招牌、賽事或活動的名稱，還有連結至組織溝通管道的廣告（賽會活動節目的廣告、電視、報紙及網路等）。然而，只要有一些創意，例如新聞信（沒有的話，就出版）和消費者的資料庫（沒有的話，就要建立）可以將贊助商拉進運動組織，創造一個真正的合夥關係。運動提案組織同時也有很好的機會展示產品及產品試用。如同在某防曬系列所贊助的美國游泳協會贊助案中提到，製造商要讓其產品置於目標市場的手上。另一個例子是，汽車經銷商可以在其主打的新車型介紹期間，利

用足球場的草地做汽車展示，組織不必再額外付任何費用。其他例如招待事項，包括公關活動及可共同推銷品牌的許可活動，對運動行銷專員都是很好的附加價值。

關於運動最棒的特質之一，就是我們有其他業界無法複製的資源。是的，贊助商可以花錢買電視廣告，或是報章雜誌的廣告；但是，他們無法買到運動員和教練，或是比賽會場的幕後導覽。佳能公司長期以來都是國家美式足球聯盟的贊助商，同時其舉辦的「職業攝影師」活動也相當成功。其他攝影愛好者透過佳能公司或 NFL 的網站登錄，就可獲得入場券或特定場次的場邊通行證。使用最新機型的佳能相機拍照，業餘攝影者也可受到職業高手的提點。這個活動提供相當好的經驗給參賽者，同時佳能公司也因此提升了它的品牌形象。在 2004 年，丹佛大獎賽（Denver Grand Prix）的贊助商之一就推出了只要在促銷期間購買新車，就能迅馳賽車場一圈。這種優勢只有贊助商才有，而且是創新又有效，又不會多花行銷管道的額外贊助費用。

運動團體也能提供贊助商另一個有利的管道，那就是「比賽用過」的東西，例如比賽時穿的運動衣或比賽用球。這些東西的提供還是有成本，但是這個成本很容易就能由贊助價格抵銷。這些特別的利益，是運動行銷專員的清單中很重要的部分。它們為運動迷們創造了實質意義，也幫助將對運動的感情轉向贊助商。同時，當運動行銷專員結合了可贊助的元素，一定要能明確區分各個元素的等級，以配合不同等級的贊助提案。可贊助元素的等級區分要有高低，如 10 萬美元的贊助提案所提供的場地廣告，至少要比 5 萬美元的贊助提案多上 2 倍以上。

各個層面的責任釐清也是相當重要。如果公司招待是提案的主要條款，那麼就一定要清楚註明餐飲由誰提供。通常是比賽主辦單位或運動組織提供設備及聯絡許可的餐飲服務；最後，再由贊助商決定菜單及確認服務程序和細節。

🏌 贊助目錄案例

本案例修正自Grey. A. M. & Skildum-Reid, K. (2007). Sponsorship seekers toolkit [2nd Ed.]. Sydney: McGraw Hill.

贊助類型
主要贊助商 首席贊助商 命名權（包含獎項、部分場館、次級的賽會或是賽會的整天） 官方產品或是供應商

獨特性
授權的程度 特別的項目（必須定義清楚）

授權及簽證項目
賽會或團隊商標在廣告上的使用 官方產品的情況

現場
產品試用機會 產品宣傳與展示 現場銷售或推銷規劃

廣告
場館位置（尺寸與特定位置） 交通工具 觀眾及／或員工服裝或是號碼牌 旗幟或橫幅

招待
賽會門票 貴賓停車或交通車服務 特殊貴賓區通行證 特殊貴賓活動通行證（金錢所無法購買的經驗） 客製化的貴賓活動或體驗

科技
連接網頁的標題或內容 　　以網站為主的行銷活動
忠誠度行銷
顧客的特殊停車或通行證（例如許多場館都備有豪華停車區） 　　預先取得之門票（例如美國運通安排美國網球公開賽） 　　特區座位之通行證
資料庫行銷
連結賽會或組織的資料庫 　　由賽會或組織寄發之行銷資料

 ## 訂定價格

　　成本估算方面，一直是許多運動組織有困難的地方。事實上，可以為整份提案訂定價格，或是為提案中的某些選擇定價。對大多數的贊助商而言，彈性是最重要的。

　　訂定價格最重要的一步，是製作精確的價格評估。所以，在第六章中提及的一些定價方法很重要。每個有可能的贊助商都會有一些其他的贊助行銷活動，而這些活動都有它的價格及價值。運動經理人必須要研究且準備這些資料，以贊助商能了解的方式呈現運動贊助提案的利益。同時如第六章提及的，要記得的是為統合贊助關係與其現有的行銷通路，贊助商方面可能會有額外 100-500% 的贊助成本產生。

　　運動贊助關係對經理人來說，一直有一個很難突破的層面，就是廠商多半都是傾向採用規模大的企劃案，而不是很多小企劃案（如在第一章討論的「少一些、大一些、好一些」）。對運動贊助關係，許多贊助商相信金額高的案子比很多小案子較事半功倍且獲利高。所以，很重要的是要在贊助合約上提供廠商不同的選擇，規模可大可小，大的如獨家授權的提供，小的如商品贊助或相關廣告的提供。

提案的準備

關於贊助提案的真正樣式應該如何，一直存在著一些不同看法。有些實務派認為一份認真的提案，在封面上要清楚地標明有運動組織的商標和贊助商的商標。然而，有些人認為贊助商對於公司商標，在未經同意的情況下就被使用，會有負面的反應，進而使他們對這個組織的道德行為產生質疑。這個問題並沒有正確答案，但是有保守的方法可以不用贊助商的商標，照樣能支持專業的提案。如果能安排提案前的會議，可先徵求他們同意使用其商標，這樣會比較保險。另一個議題是列印提案的材質；有些相關權威建議，提案組織應該要準備其所能負擔的最好材料。這些材料包含了五色印刷的手冊，用以標列贊助關係的所有利基明細；另一方面，有些運動行銷專員認為材料中等比較好，否則廠商可能會覺得提案組織對花費不在意。作者支持的論點是，盡量以高品質生產為原則，以及在有材料時，使用實物贊助。

上述的例子，以及本章節最後的案例，都是來自實務的贊助提案和合約，用以提供運動行銷專員成功完成贊助提案所需的技巧。

最佳案例

◆ 本田（HONDA）中心贊助夥伴機會

（節錄自贊助計畫元素）

賽會管理
本田中心在 2008 年的門票銷售，排名國內第二名及世界第三名，僅次於倫敦的氧氣體育館及紐約的麥迪遜廣場公園體育館。第四、五名分別為澳洲雪梨的宏碁體育館及拉斯維加斯的湯瑪斯麥克中心體育館。

形象
本田中心以領先國內的娛樂與運動場地，歡迎每年高達 170 萬的遊客來訪。

自 1993 年以來，本田中心共辦理了 144 場賽會，其中包含 33 場音樂會。

廣告／露出

最先進的本田中心在 57 號公路上，每年有 6,400 萬車輛通過，本田中心建立的大看板更容易讓贊助夥伴一眼認出。在 25×27 英尺的大型 LED 數位螢幕，展示著循環的訊息及即將來臨的賽會資料。

East Katella 提供著最新的賽會資訊，在提供的大看板中，贊助夥伴可以在兩邊設置高品質的廣告。大看板設置於東邊及西邊出入口各一片，它可以提供共四面的廣告機會，也可以 24 小時讓往來的旅客清楚看到。

分數看板廣告，本田中心透過以下的位置提供高品質的廣告機會：
- 四面上方廣告位置
- 四面下方廣告位置

場內廣告
- 四面轉角位置
- 四面中間介數看板位置

LED 廣告
- 兩個 360 度環形 LED 看板，並提供栩栩如生的商標、圖像及特色的廣告
- 安納翰鴨隊主場比賽的獨家 LED 廣告

所有 LED 的廣告客戶，將提供 4 分鐘的 360 度 LED 廣告於非冰上曲棍球賽日。

以下是最近對每年數百萬遊客所開發的曝光機會：
- 中間、東邊及西邊的本田意像看板
- 俱樂部區的命名權
- 俱樂部區的外牆廣告
- 東側及西側的大型看板
- 東側及西側的捲軸廣告看板

額外廣告機會項目
- 本田意像下方的 LED 環

‧北側及南側的捲軸廣告看板

冰球廣告

圍板
‧角落圍板
‧得分區圍板
‧中區圍板
‧中立區圍板

隊伍座位及受罰區
‧鴨隊的座位區及客隊的受罰區
‧客隊的座位區及鴨隊的受罰區

球員通道
‧一面廣告位於鴨隊球員通道上方
‧一面廣告位於客隊球員通道上方

洗冰機通道

洗冰機外襯廣告
‧洗冰機外襯全版廣告
‧兩台洗冰機同時作業
‧賽前、賽後或中場期間的球迷視覺效果

媒體整合

‧置放贊助商之商標於 hondacenter.com 網站中
‧全年度高流量之網站
‧客製化的贊助商網頁及內容
‧特別方案協助贊助商的商標露出於超過 175 個螢幕,其中包含 50
　個 HD 螢幕,以增加品牌覺察能力
‧30 秒的商業廣告以增加品牌的曝光機會,同時也增加品牌訊息及
　場館內的電視螢幕廣告,這些螢幕位於特區、俱樂部區及各座位區

安納翰鴨隊媒體機會

2007/2008 年的電視曝光機會
- 41 場次由福斯體育網頻道轉播
- 14 場次由 KDOC 頻道轉播
- 23 場次由西方福斯體育網頻道轉播
- 4 場次由 Versus 轉播

特定頻道的電視廣告
- 比賽特寫
- 30 秒專欄
- 開閉幕廣告牌

廣播頻道
- AM830 將為 82 場安納翰鴨隊進行轉播
- 比賽特寫
- 30 秒及 60 秒的比賽專欄
- 30 秒及 60 秒的賽前及賽後專欄
- 開閉幕廣告

媒體展示
- 所有與安納翰鴨隊電視轉播、主贊助權、專欄及特寫等贊助元素都將本於互利原則加以發展
- 「The Element」本田中心的官方雜誌將透過傳播節目的方式，傳遞至洛杉磯與橘郡地區的 600 萬觀眾中。在這些節目中將包含 4 個 2 至 3 分鐘的商業廣告

安納翰鴨隊電視台
安納翰鴨隊電視台是首度將國家冰上曲棍球聯盟的球賽，以預製的方式於網站播放。去年共有 54 場次節目播放，平均每月有 14,000 人觀看

本田中心人口統計資料

性別
50% 男性

49% 女性
年齡
39% 成人，年齡介於 18 到 24 歲
61% 成人，年齡介於 35 以上
75% 成人，年齡介於 18 到 49 歲
家戶所得
77% 觀眾年所得達 5 萬美元或以上
64% 觀眾年所得達 7.5 萬美元或以上
46% 觀眾年所得達 10 萬美元或以上
家庭
54% 的觀眾已婚
56% 的觀眾有 1 個或 1 個以上的小孩
70%的觀眾擁有住房
教育程度
72% 的觀眾擁有大專或以上學歷
14% 的觀眾擁有碩士以上學歷
種族
62% 的觀眾為白人
27% 的觀眾為西班牙裔
4% 的觀眾為亞洲裔
3% 的觀眾為其他族裔
招待
. 在派對包廂中提供付餐點的私人聚會
. 季票、俱樂部票及單場門票之購買
. 球員及球隊管理人員可以提供專用的晚餐及貴賓服務
. 提供 Blue Line 豪華酒吧之使用券
. 歡迎贊助商於安納翰鴨隊的主場賽中進行廣告，在本田中心的大型
　LED 看板中展示商標，由廣播員進行播報及產品的展示
備註：特別感謝安納翰鴨隊的資深副總裁暨行銷長 Bob Wagner 分享上述的贊助配
　　　套資訊

練習題

　　這些練習提供發展不同部分的贊助提案的指南。以下的練習包含了贊助提案的設計，完成下列練習題可作為設計贊助提案的準備。

1. 請清楚敘述完整的贊助關係。

2. 描述組織委員會或組員的管理職務。

3. 介紹贊助商的顧客群與賽會或組織的觀眾群，在人口統計概況上的相似點。

4. 詳細描述贊助商的顧客群與賽會或組織的觀眾群，在心理層面上的契合點。

5. 闡述預期的或先前的媒體新聞報導。

6. 列出在提案中特別為贊助商的知名度而設計的活動。

7. 列出在提案中特別為建立良好形象而設計的機會。

8. 詳細說明在提案中特別設計來促進廠商產品或服務銷售的元素。

9. 決定零售商或批發商加入的可能性。

10. 明確說明為強化公共關係而舉辦的接待活動。

11. 檢視可用來激勵員工的贊助關係層面。

12. 列舉提案中每個可贊助的元素。

13. 計算整個贊助關係的價格或提案中每個元素的價格。

14. 鑑定識別現有的每個贊助廠商。

15. 描述可能的風險，以及你的組織計畫如何降低風險？

第八章
贊助合約的獲得

本 章 大 綱

- 導 論
- 首頁簡信的準備
- 贊助提案的報告
- 贊助協商
- 管理贊助商關係
- 參考文獻
- 練習題

導論

　　在贊助計畫有了進展後，會遇到最難的決定之一是，到底要聯絡每個公司的「誰」來做進一步的發展。在業界，這被稱作「管道」或「進入點」。對於獲得成功贊助關係的方法策略，一直以來都有很多困惑。最近的研究顯示贊助關係的獲得，最常由下列幾個方式開始（*IEG* Survey: Cold call rules, 2007, p. 1）：

⚽ 55%	聯絡贊助商的主動拜訪電話
⚽ 19%	聘僱專業經紀人聯絡贊助商
⚽ 13%	贊助商直接聯絡組織
⚽ 8%	組織內部高階人員直接聯絡贊助商
⚽ 5%	其他管道

看到藉直接由電話拜訪的方式來獲得贊助合約的比例這麼高，真是令人驚訝。所謂藉電話拜訪，就是直接打電話給贊助商，或主動郵寄提案給贊助商。業界最令人震驚的贊助提案之一，耐克斯通訊（Nextel）與全國運動汽車競賽協會的 7.5 億美元的贊助提案，一開始就是由電話拜訪的方式起步的。根據Migala（2003）對推銷運動贊助的看法，電話或郵件的聯絡方式，很容易是工作中令人畏懼的部分。他建議在打電話前要放鬆一下，且花個30 秒的時間想想要說的內容。他訪問到一些贊助商的意見，他們覺得提案方在打電話來前都沒仔細思考過，也沒對另一方可能會有的問題做準備。聯絡中最重要的內容，在於傳達為何提案的組織是贊助商的最佳選擇。有位執行長說：「打電話要有準備。我常聽到有人說，他們以為會是語音信箱，所以對直接的對話還沒有心理準備。這樣的心態是無法建立良好關係的。」在電話中要開始直接對話前，一定要先問對方現在是否方便接電話，這是全世界通行的準則（Migala, 2003, p. 4）。

語音信箱是生活型態的一種，所以它是重要的溝通方式之一。下列的例子是業界某執行長提出的好範例：「××先生／小姐，您好。不好意思打擾您一點時間。我知道您現在一定很忙，但請容許我花幾分鐘介紹一下我自己。我是佛羅里達州小聯盟××棒球隊的代表。雖然據我了解，貴公司的行銷活動方向，您或許不會與我們馬上有贊助關係。但我相信我們在未來一定有機會合作；所以我想與您約個時間談談。」（Migala, 2003, p. 5）

Migala（2007, p. 4）列出贊助商不會回撥電話的重要原因：

- 所有資訊僅提到資產而不是品牌。
- 打電話者沒有信心。
- 打電話者提到其競爭品牌，這就足以將電話錄音刪除。
- 打電話者未說明下一步驟。例如我會儘快與你連繫，或我會提更進一步的資料。
- 打電話者沒有留下聯絡電話號碼。

所有公司行號對處理贊助關係的方式都不一樣，而且要求贊助的工作量多半是非常龐大。有些公司每年會收到近 3,000 份之多的提案（Seaver, 2004）。近年來，有很多公司轉為利用網路來進行遞交提案的程序。通用汽車（GM）自 1999 年起，就開始用電子方式處理提案。透過他們自己的行

銷公司 GM*R 公司，他們要求申請人完成關於贊助機會的詳細資訊。美樂啤酒計畫公司也是用自己的行銷公司，只是他們公司多了過濾提案的軟體。

　　有些公司有在地的決策網絡，所以當地的代理商即可自行決定相關的贊助關係。此外，所有贊助關係的決策都必須由總公司同意才行。有位與飲料和啤酒廠商有豐富贊助經驗的執行經理，要找新的贊助商，他以同樣的方式聯絡到相機廠商。他知道除非有很多在地零售商和區域代理商的背書，否則飲料啤酒廠商是不會通過贊助案的。只不過雖然獲得子公司對相機廠商的支持，總公司卻是回應不喜歡「尾巴搖狗」（意指一小部分控制整體的局面）（Ukman, 1991, p. 2）。

　　對公司結構做仔細了解，一定會獲得贊助商的認可。以可口可樂為例，他們 95% 的贊助案決策是由於地方的考量。所以，運動行銷專員不應該在還沒得到當地經銷商的支持，就寄提案到可口可樂在亞特蘭大的總公司。可口可樂和百事可樂對學校團體發布消息表示，他們不願意與任何代理人或代理公司合作。如果有學校團體有興趣與他們合作，他們應該直接聯絡當地的經銷商。理由很簡單，他們只是希望所有投資的金錢與收益是由學校直接受惠。因為他們發現，有些代理人或代理公司會抽高達 40% 的佣金（Coke & Pepsi, 1998）。對進入管道的完整分析是很重要的，主要的原因是因為公司行號已被很多要求與提案淹沒，因此造成很多公司不接受主動寄來的贊助提案。

首頁簡信的準備

　　當運動行銷專員了解適當的進入管道後，第一件事就是準備首頁簡信（cover letter）。Allen（1998）建議在贊助提案上的附信，通常是廠商接受提案內容與否的關鍵。她建議在撰寫附信時，可遵循下列幾點規則（Allen, 1998）：

- 確認將信寄給對的人。名字要寫對，頭銜要正確。若有不知道的資訊，就打電話去他們公司總機詢問。
- 善用較令人信服的語詞。例如可預期的回應、強化市場地位、增加市場占有率、穩固客戶關係、整合市場行銷機會等。

- 要確定信的重點是在為對方的利益量身訂做。部分內容可以是制式的，但主體還是要為不同廠商特別設計，以符合廠商的需求。
- 不要用太多籠統的詞彙，因為那將無法有實證。例如與其說「所有媒體都很期待這場盛會」，不如標明有哪幾家媒體會參與報導。
- 千萬別只是靜待廠商的回應，不要說「靜待您的佳音」之類的話。相反的，應該要感謝他們所花的時間，然後說明你會在何時再聯絡他們，對相關提案做進一步的討論。

Skildum-Reid（2008）指出，許多贊助商對於提案單位沒有直接地表達他們的看法。贊助商常說：我們受限於經費等語，應該直接說明提案的弱點。她相信透過實在而直接對提案的批評，將能使提案單位修正完善直到符合企業的需求。例如她建議可以這樣說：「我們不考慮非客製化的提案，因為這顯示你並未符合品牌需求或目標市場的需要。你可以上網了解我們的贊助提案指導方針，修改後重新送件。」她也提供另一個建議：提案看起來像在要求慈善捐款，如果我們要投入行銷經費的話，我們需要看到符合行銷與投資目標的確實機會。

贊助提案的報告

圖 8-1 是廣泛被運用的銷售關係過程模式，它在銷售贊助上也特別好用。這個模式的開始是建立你的可信度；接著是確認會遇到的挑戰；再來是說明贊助關係會如何提供解決方法；最後就是提供價格的資訊。

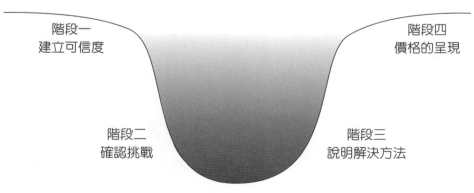

圖 8-1　贊助關係過程模式

　　如同第三章所提及的，廠商對於讓未曾合作且經過驗證的運動組織，欲經營其形象、商標及品牌將會有所遲疑。所以，在階段一的建立可信度就很重要了，必須先獲得廠商的信任。為了促銷第一個全球性奧運贊助計畫的廣告標語，就是「判斷一個公司，要觀察其夥伴」。有很多不同的因素能建立可信度，包括商業格調、值得接受的草案、先前的紀錄以及推薦證明。儘管有這樣的因素，個人魅力及領導能力也對建立可信度有幫助。

　　階段二，要檢視潛在的贊助廠商可能會遇到的挑戰。提案的單位在向廠商報告時，常犯的錯誤是將重心放在他們要推銷的東西上，而不是將重點放在廠商的需求上。這牽連到產品的行銷理論與市場導向之間的關係；當消費者被說服他是需要這個東西的，那麼就很容易推銷成功。廠商較常面對的挑戰是，鎖定消費者及找到消費者。買方的準備階段與很多行銷文案有關，這樣買方就能藉由對產品的定義中接受此產品（Pride & Ferrell, 2008）。你可精確地向廠商說明，贊助關係是如何藉由下列描述的狀況對付即將面對的挑戰。

◆ 產品需求的確認

　　例如如果消費者看到體育活動或比賽中在使用該產品，他就很容易會認為自己也是需要這個產品。

◆ 資訊的尋找

　　例如贊助可藉由小冊子、節目單廣告、產品展示或公共演說來提供資訊，幫助消費者找尋更多的產品資訊。

◆ 產品的評估

　　例如消費者可能有產品的相關資訊，但還是沒使用過此產品。藉由試用產品的活動，贊助關係可讓消費者在決定購買前，先評估此產品。如果公司有新產品，這樣的活動能促使消費者做進一步的購買。

◆ 產品的購買

　　例如有很多贊助配套係利用點券來刺激銷售。這樣的策略通常有兩種方向：一是點券只在比賽活動中提供，二是廠商可製作折價券給下游廠商運

用。這兩種方式都有很好的成績；藉由現場的銷售活動，也有一些不錯的成績。

◆ 顧客的滿意度

例如大多數的公司以顧客滿意度來蒐集資料。運動比賽可以提供辦理這些活動很棒的背景。你可以在會場為特定顧客設立服務區，而這也是很多廠商覺得相當需要的活動。

要強調的是，這個模式是不支持交叉運用方式。也就是說，在進入階段三的解決方法部分前，所有的挑戰應該在階段二全部都已經討論過了。從心理的觀點來看，這會為結束銷售產生動力。仔細聆聽廠商在階段二時所提供的意見，這在進入解決方法是很重要的。廠商常常會透露其關心的議題「我們需要活絡目標客群」、「我們需要聲譽良好的合作夥伴」、「你們會提供樣品試用的機會嗎？」、「一定要增加媒體曝光率」等（Stotlar, 2001）。

上述所有這些元素，都是 NBA 為舒適牌（Schick）刮鬍刀官方供應商面臨的挑戰。因此，NBA 就發展出在球場的產品免費試用計畫。在結果的分析中，舒適的產品經理說：「就人口統計上來看，這是很合理的。我們的目標族群是 18 至 34 歲的男性，而這正好也是 NBA 的主要觀眾群。」（Schlossberg, 1990, p. 1）舒適同時也利用與 NBA 合作的機會，以贊助 700 個大專院校的超級籃框盃（Super Hoops）巡迴賽來擴大曝光率，而且其決賽是在 NBA 球賽中進行。很多舒適牌刮鬍刀的合作目標、形象增強、產品試用以及招待，都是緊緊地與消費者行為模式相連結，並且是藉由他們與 NBA 的贊助關係而達成。

合約進入尾聲且要獲得款項（階段四）一般稱為「請款」（The Ask）。很多運動行銷人員在報告中，能很自然地討論隊伍或比賽的績效。但是，在真正要求對方支付 20 萬美金支票的時候，通常會有點煩惱。協商贊助關係的價格，也是一個很難應付的過程。就像在談其他生意一樣，協商時的心理準備是很重要的。這可以開個面對面的會議來進行，可以的話要當主持者，這樣一來就可以製造機會款待對方（小秘訣：在和百事可樂的人員會議時，千萬不要拿可口可樂來招待他們）。

當美國冰上曲棍球聯盟的鳳凰城土狼隊（Phoenix Coyotes）與 Bar S 食

品約好要討論下一賽季的贊助計畫時，他們在著手進行所有的基本重點後，才邀請 Bar S 食品的執行長到他們的總部會面。他們在那兒發現有 90% 土狼隊的職員，舉辦烤肉活動都是用 Bar S 食品的熱狗。Bar S 的人員表示：「這樣親自運用的手法很有用，而且也讓我們在離開時對他們有很高的評價。」（Presenting Sponsor, 2004）主動主持會議，同時也能將時間控管得更好。有時候，當會議是在廠商的辦公室進行，主要執行人員常會因有事而耽擱，甚至變成占用你個人時間進行。

　　進行簡報的時候，要避免用到要將燈關掉的素材。在做簡報時，注意聽眾的反應是很重要的。所以使用圖表、趨勢圖和文件夾呈現，會比用幻燈片或投影機來得好。在不用將燈關小或關掉的情況下，電腦化的報告方式也很棒的。記住，在簡報時有時還是得花一點錢，才能彰顯效果。NBA 丹佛金塊隊及美國冰上曲棍球聯盟科羅拉多雪崩隊的老闆花了 5 萬元美金，向百事可樂丹佛總部的行銷人員進行贊助簡報的報告。雖然花費不小，但報告結果卻是相當成功。

 ## 贊助協商

　　協商的開始一定要有個報價；既然運動行銷專員在做提案簡報，提出報價當然也是他們的責任。如果運動行銷專員對價格有做過調查，那麼贊助的報價就會比較正確。然而，很多廠商的執行人員會討價還價。第一件事情是，運動行銷人員要表現想與該贊助廠商合作的誠意；第二，要用有成功經驗的策略，檢視雙方之間的收益及先前提出的價格對價值的關係。這通常能有效強調你的訊息，且成功帶來合約。然而，如果他們一直還要殺價，運動行銷專員應該要依量減少贊助配套、扣除一些相關利益，也就是說提供他們本質也縮減的配套（Grey & Skildum-Reid, 2007）；另一個方法是增加合作贊助廠商來分擔成本。要放棄一個報價結束關係是很困難的，然而在 2002年，大聯盟棒球賽的亞利桑那響尾蛇隊成功晉級世界大賽。他們向贊助廠商提出 100 萬美元的贊助報價，結果廠商同意付的是 60 萬美元。當然，他們的價值很明顯是超過 100 萬美元，而且在 60 萬美元等級也有其他廠商，所以他們就放棄了那個報價。要放棄一個報價很重要的一個原因，是要保護其他合作的夥伴關係（Brubaker, 2003）。最後，如果在運動行銷專員檢視過

價值且提出增加合作的贊助廠商之後，廠商還是持續堅持他們要的價格，那麼這個會議就應該要中止，因為這樣要達成合約的機率是很小的。如果協商順利成功，而且也獲得合約，那麼下一步就是建立完成聯絡的時程表。

業界老手伊森‧葛林（Ethan Green）（2004）對協商的過程，從廠商的角度提供了一些有用的秘訣。他建議贊助廠商協商出一個退出條款（Exit Clause）。有時候贊助廠商的公司營運有狀況，或是贊助關係並沒有達到預期的效果，廠商就會需要退路。另一個應該要加入的條款是工作表現條款（Performance Clause）。這將是贊助費用與組織對比賽出席人數、電視收視率或合約其他方面的索價息息相關。合約中可設立窗口或特殊情況的條款，來取消合約或減少贊助費用。有些贊助關係是直接與銷售相關，例如開特力與維吉尼亞海灘遊樂娛樂部門所簽的合約，開特力並沒有支付預付款，而是依據產品的銷售付款。他們在開特力所賣出的第一個 1,600 件產品會支付 6,000 美元，對第二個 1,600 件產品則支付 3,000 美元，而對後續的每個 1,600 件產品則是持續支付 1,000 美元。整個贊助關係的費用在 3 年來總共支付了 15,000 元美金。葛林同時也建議贊助商將獨家項目加入贊助配套（第七章亦有提及）。運動組織常常有管道取得運動員穿過的運動衣、簽名的商品或其他特別的項目，贊助廠商可好好利用這些物件，作為與客戶或員工保持良好關係的法寶。

管理贊助商關係

管理任何商業關係，都是建立在雙方的現行合約上。贊助關係合約是很重要的，因為使用的很多術語和概念往往都不是很精確。Reed（1990）就贊助合約列了一些基本準則：

1. 我們需要合約來闡明屬於贊助商的權利，以及具體說明運動組織應有的權利。當贊助商想將一些權利賦予別的公司時，這時候就會出現問題。有一個特別的例子是，2007 年 NASCAR 的賽季時，Cingular（電話公司）行動電話被 AT & T 併購。因此，AT & T 試圖更換 Cingular 的商標為 AT & T。而 NASCAR 的主贊助商耐克斯通訊因為擁有行動電話的獨家而提出質疑。最後，經過反覆對合約的法律見解

加以研究後，雙方在庭外達成協議。AT & T 可以使用商標直到 2008
年賽季。諷刺的是，耐克斯通訊也被 Sprint 所收購。因此，無論如
何，合約都必須登載得越清楚越好。

2.合約應該要清楚地定義冠名贊助商、官方供應商、指定附屬贊助商，
以及在贊助關係中會用到的其他術語。這些術語並沒有一定的通用意
義或法律上的解釋，所以要在合約上闡述其定義。

3.一份完善的合約，會規定所有比賽或體育館招牌的尺寸大小及配置。
必須要包含詳細說明，指定確切的地點、所有招牌的尺寸面積，以及
指派製作標誌及放置標誌的責任歸屬。

4.在第三章提及的獨家範疇，是一個很重要的利益。然而，贊助商獨家
範疇的界限不是很清楚。例如所謂的「金融服務」包含銀行業務和信
用卡嗎？包含投資項目的服務嗎？在標明範疇的界限，要特別小心。

5.合約在闡明所有相關人員的參與義務也是很重要。就大部分來說，贊
助商會要求運動組織將他們視為共同保險人，納入其所有保險文件的
一部分。贊助廠商是不會任其公司資產被任何贊助活動的失敗、危機
或不當管理所影響。

6.以書面文件來保護合作關係，是執行合約的另一項功能。幾年前，酷
爾斯計畫在酷爾斯冬季兩項（Coors Light Silver Bullet Biathlon）系
列或為冠名贊助商。然而，當成功地辦過了兩屆賽事之後，進入全新
的一屆時，酷爾斯寄了一封信給比賽的主辦單位，其內容如下：酷爾
斯公司會評估你們的提案，作為未來可能合作的考量，但在所有計畫
在被檢視之前，我們無法做任何承諾。……請認真思考，因為酷爾斯
可能會發展類似的或相關的計畫，但會與「XYZ」提出的推銷方案或
提案不同（Stotlar, 2001, p. 119）。

幾週後，比賽主辦單位就收到酷爾斯公司來信，告知他們不會繼續新
的合約，而事實上，酷爾斯聘請一位在先前合作單位的職員，要為酷
爾斯公司舉辦一場幾乎一樣的比賽。這一類的情況就可以合約來約束
贊助商，在幾年內不得舉辦類似的活動。一般稱這為「競業禁止」
（covenant not to compete）的條款。

7.合約對贊助商建立未來的權利，也是很有用的。因為有許多例子顯

示，贊助關係眞正的價值在短短一年內是無法顯現的。所以有很多贊助廠商會想要有保留其贊助身分的機會。這也被稱爲「優先締約權」（Right of First Refusal）。這個條款限定運動組織要開始後續的新合約時，在讓其他競爭廠商參與之前，要先讓原來的贊助廠商有優先選擇權。在 2006 年有一件值得提出案例的是，萬士達卡長期以來都是國際足球總會世界盃足球賽的贊助商，在贊助合約的末期，萬事達卡發現國際足球總會的人員秘密與威士卡進行協商，同時威士卡後來也發布將贊助世界盃足球賽。此時，萬士達卡立即向法院提出「優先締約權」的訴訟，法院同意並且要求國際足球總會與萬事達卡進行合約的協商。而國際足球總會也在幾天後開除 4 位工作人員。這個條款並不是要限定你做每年的價格調整；而是提供贊助廠商在達成目標下，可以有繼續合約的權利。要從贊助關係延展出利益，大部分的贊助廠商會傾向簽署多年合約（例如 3 至 5 年），且要求有「優先購買權」。

運動贊助關係代表的是夥伴關係，而且保護贊助商的權益是運動行銷專員最大的任務。隨著這些契約的細節，會增進雙方在履行贊助聯盟前，對彼此的了解。但願這樣的贊助關係能提供雙方各自的需求，且給予期望的收益。

練習題

　　本練習提供了發展贊助計畫各項部分的引導。以下練習是關於活絡贊助關係的活動。完成下列練習題以作為設計贊助計畫的準備。

1. 擬一份要給贊助廠商總部決策人員的首頁簡信草稿。

2. 發展贊助提案簡報大綱。

3. 架構你的協商策略，要包含贊助廠商可能會遇到的挑戰。

4. 描述管理贊助關係中，所有的行政管理工作。

第九章
管理運動贊助關係

本 章 大 綱

- 導論
- 贊助報告之設計
- 評量投資的利潤
- 贊助商之整合
- 贊助商退出的原因
- 預防贊助退出的方法
- 摘要
- 最佳案例
- 參考文獻
- 練習題

 導論

　　運動組織是贊助關係中收受款項的一方,有義務要展示贊助商應收到的價值。首先,Spoelstra(1997)建議:「盡其可能地成功完成贊助關係」(p. 173)。在他的研究中,訪談了一些重要的贊助商,Stotlar(1999)發現贊助商報告說很少有運動組織真正善盡其夥伴責任,多半沒提供最後的報告或支持資料文件。一位服務於大型全國性金融機構的贊助經理指出,以她 10 年來管理贊助關係的經驗,只有少數的主辦單位有提出最後的支持資料文件及報告。相反地,大多數組織主張一定要提供這樣的資訊,以對廠商報告其在贊助關係中立即的投資回饋或報酬(Spoelstra, 1997; Stotlar, 1999)。

贊助報告之設計

Spoelstra（1997）建議，要對每位贊助商做年度報告，詳細說明提供的具體收益。在通用汽車的贊助關係合約中，他們要求要有「成果證據」（Proof of Performance）的報告，以及在支付最後的贊助款項之前，要審核任務完成的成果。在數位的時代中，杜罕公牛棒球隊（Durham Bulls）將其成果報告設計成數位報告，這讓贊助商能夠有機會由視覺、聽覺及親身體驗他們在贊助合作中所獲得的回饋。但是，並不是所有的例子都適用同一個模式。就像你的贊助提案，成果報告必須要為每個客戶量身訂做，如美國冰上曲棍球聯盟的聖荷西鯊魚隊（San Jose Sharks）就是在眾多職業隊伍中，唯一有對贊助廠商做詳細成果報告的球隊。

Spoelstra 同時也指出最棒的案例，包含所有贊助材料的樣品，贊助廠商形象照片及有圖解效果的剪貼簿型式招牌。再者，報告應該要有與所有支持贊助關係所辦的行銷活動。這不止會使廠商覺得他們的贊助決策是正確的，還可以提供他們用來修正關於贊助活動計畫的素材。Amshay 和 Brian（1998）指出，贊助廠商對精細的贊助價值測量的需求越來越高。一般來說，這些測量與用來評估公司行銷元素的測量是相同的。Spoelstra 強調：「就是要向決策的老闆提出證明。」（p. 172）

然而問題是，因為贊助廠商都想知道投資後所獲得的利潤到底是多少，但是贊助關係是很難這樣測量的。有人錯誤地使用廣告的標準來測量贊助關係，有些測量是挺適當的，但有些卻無法捕捉到贊助關係價值的本質，也就是贊助關係在消費者腦中及心中的實際影響（Ukman, 2004）。

評量投資的利潤

很多廠商主管是利用「投資利潤」的測量法作為商業決策的指標，這個方法較死板，所以彈性空間很小。贊助關係不像其他商業行為那麼容易被量化，但還是有量化的測量方式可以運用，而質化的測量方式也有它的長處。

就量化的觀點來看，很多賽會經理會蒐集關於察覺及記憶贊助廠商招牌的資料，這樣的資料也有一些具體的例子。Turco（1996）研究了大學的籃球迷，發現有超過 50% 的球迷能夠辨認出贊助廠商在球場上的招牌。

Barros，Barros，Santos & Chadwick（2007）研究發現，在葡萄牙舉辦的
2004 年歐洲盃足球賽有高達 70% 的辨識力。Pitts（1998）在第四屆世界同
志運動會（Gay Games）對廠商辨識的研究，指出參加者對廠商身分有很高
的認知度。她的發現顯示，有超過 75% 的參加者可以正確認出 3 至 4 個主
要贊助商，有 57.8% 的參加者可認出其他的廠商。這樣的資料同時也適用
於難以理解的 Y 世代。Bennett、Henson 和 Zhang（2002）發現，在動力運
動比賽中的參加者與出席者們，有高達 90% 的比例能認出贊助廠商。這樣
的資料對贊助廠商尤其重要，所以運動經理人對蒐集這樣的資料是義不容辭
的，而且需要詳細地向其夥伴廠商報告。

　　贊助效益上有時會有意外狀況產生。如果評估的資料顯示，並沒有任
何人注意到體育館中的招牌，怎麼辦？在 Stotlar 和 Johnson 對體育館招牌
的研究（1989）就發生過類似的情形。在研究中，沒有任何一位球迷能正
確回想起在記分板上出現的招牌。這樣的話，運動組織是否應該跟贊助廠商
報告呢？第一步，要避免跟贊助廠商說，因為良好的業務案例依然可以校正
它。事實上，運動組織不會知道贊助商購買的真正原因，或許廠商可能只是
覺得需要與學校有所聯繫，因此願意一直贊助；另一方面，同時也需要檢視
研究關於顏色及圖表對觀眾反應的影響。

　　此外，消費者能回想起贊助商的名稱也是相當重要，不論是否因為招
牌的影響，這對行銷活動及正面的消費者行為是有幫助的。2002 年冬季奧
運的資料顯示，有 72% 的人能夠認出 VISA 集團是奧運的贊助商，而且有
20% 的人在當月使用 VISA 卡的次數比先前的月份高。自從 VISA 成為奧運
的贊助商，消費者對他們的喜好度向上成長了 50%，成為「最全方位的信
用卡」。他們在「最被接受的信用卡」項目中，排名成長了 1 倍。在美國
消費者的信用卡市場中，每年創造了超過 1 兆美元的刷卡金額，在全球的
成績則是 3 兆美元。對使用其信用卡的偏好度增加，就是贊助關係所提供
的實際投資利潤（VISA USA, 2004; International Olympic Committee, 2002a;
International Olympic Committee, 2002b）。

　　儘管有 VISA 集團的成功經驗，Stotlar（1993）的研究顯示，一般來說
很少有人能指認出奧運的贊助商。一般人對於大多數主要的奧運贊助商的認
知比率是低於 20% 的。只有 2 個贊助商在消費者認知率中突破 50%。這樣

的資料或許有點令人失望，但我們並不能因此妄下斷語認為，觀眾的認知是贊助商唯一（甚至是第一）的動機。Skildum-Reid（2007）指出，雖然記住贊助商的名稱常常是衡量贊助效益成功的指標。但是最終贊助商期待的是消費者決定的購買行為，而不是記住商標這種枝節。就奧運來說，良好的接待一直被認為是最重要的目標。長期來說，誠信與道德一定能優勝。你無法得知，贊助商是會得到正面的回應，還是需要在體育館中再買個好的位置打廣告。這樣看來，更多的研究與訪談是有必要的。

Seaver（2004）指出，「估價」這個術語有更好的說法，就是「目標利潤」；相對的是「投資利潤」。支持這個方式的原則是，將可達到的明確目標定出精確的價值；然後運動行銷專員就能評估目標的成果。例如一個為品牌創造更多好選擇的商業對商業（B2B: Business-to-Business）目標，贊助廠商會在比賽中加入接待活動。如同在優比速快遞及其全國運動汽車競賽協會的贊助案所使用的方式，目標測量會是追蹤去年與今年出席者的數量。另一方面，LG 電子會對極限運動參加者的看法更有興趣，他們想知道 LG 是不是「酷」的品牌，由比賽參加者質化的訪問可以揭露出答案。LG 的希望是，最後這個「酷」的因素會轉化成銷售量的增加。在本章後面的「最佳案例」部分，就是以強調「酷品牌」形象的極限運動活動 LG 目標利潤行情的例子。同樣地，有些贊助賽車的廠商會希望大家對賽車的熱情能轉化到他們的產品上，這也是很難量化。在經驗行銷中，廠商想的是創造對消費者的「感動點」（Touch Points），包含訪談和焦點團體法的質化研究，最適合用來評量這些目標是否達成。

Ukman（2004）為對贊助商進行資料的蒐集及報告，列出了基礎程序的概要。她將程序的第一步稱為設定目標及底線。「發展可預測目標對有效評量贊助關係是不可或缺的。」（Ukman, 2004, p. 3）目標應該要有方向、時間架構以及鎖定的觀眾。這個程序的第二步是設計評量計畫。要評量上述目標所需的資料種類為何？蒐集這些資料是誰的責任？這些問題必須在程序開始時就釐清。基準點要建立在對應可比較的資料上。如果想要在銷售上有 5% 的成長，贊助商一定要知道完成賽後資料分析的基準點。蒐集資料的資源有很多：員工、經銷商、觀眾、參加者、小販或一般大眾。可惜的是，86% 的贊助商花在評量上的贊助預算連 1% 都不到，甚至完全沒有。Ukman

的第三步是測量計畫的履行，例如如果測量計畫是評估顧客覺識，就要蒐集
上述關於印象及認知的資料；然而，如果目標是評估品牌忠誠度，那麼就要
藉由顧客問卷來蒐集資料。有些問題，例如「會不會推薦給朋友？」或「喜
愛使用此品牌的程度」都滿適合的。最後是程序中的第四步，也就是計算贊
助關係的回報。這包含在計畫中指定評量點的價值；IEG、Sponsoraid 及其
他公司經常提供關於贊助元素的價值基準點資料，這應用在抽象的市場；但
也可以全國性為基礎。

 ## 贊助商之整合

　　為確認贊助夥伴的成功，運動行銷專員應該要協助廠商，完全地整合其
合作的贊助活動。最重要的是，公司員工對贊助關係原則的了解，不只是行
銷人員，還有所有的員工都需要。釐清目標及成果收益來教育公司員工，可
加強員工對贊助關係的支持與參與（Five Key Factors, 2004）。

 ## 贊助商退出的原因

　　贊助常因為贊助期間不確定，或者因為各式各樣的理由而退出。
Sawyer（1998）列出了一些廠商由贊助關係的安排中抽身的原因，許多
贊助商提到有時是因為比賽的市場價值下降。這個現象可由比賽出席率
的下降，或是收視率的衰退看出來。在 2003 年，當女子聯合足球聯盟
（WUSA）結束的時候，他們怪罪於贊助商太少；事實上，卻是因為女子聯
合足球聯盟的贊助報價高於預期的利潤。她們企圖從四位主要贊助商中，各
獲得 1,000 萬美元的贊助。然而仔細檢視這個贊助機會，卻完全找不出它有
1,000 萬美元的價值。有些人認為這是因為性別歧視的結果，其實不然；這
是因為它在充滿競爭的市場中，過分定價的關係所造成。而且，他們強調的
方向也不對；重點要放在廠商想要買的東西上，而不是他們自己必須賣的東
西。

　　有時候只是因為贊助的成本變高了，這個現象的最佳寫照之一，就是
美國網球公開賽的贊助關係。「立頓公司與這場賽事的結合已經有 13 年之
久，這也讓他們成為眾所皆知的立頓。」（Kaplan, 1998, p. 15）網球比賽

受歡迎的程度，其報價使立頓擠不進冠名贊助商之列，500 萬美元的價格立頓無法負擔。而且，經過了 8 年的贊助關係之後，百事可樂也退出了。百事可樂的主管說：「網球公開賽是招待活動很好的推手，但是我們的決定是想將重心放在可以將汽水一箱箱賣出的運動上。」（Lefton, 2003, p. 12）

　　另一個常看到的解釋，是公司方針的改變（Grey & Sklidum-Reid, 2007）。也就是說，原來的運動贊助已不再是他們的興趣了。柯達公司離開奧運贊助商的行列就是一個最好的例子。柯達的首席商務長說：我們喜歡奧運，但不幸的是，這項贊助也只是每兩年一次（Kodak Refocuses, 2008）。柯達因此轉向多年夥伴關係到六旗主題樂園。同樣地，中國的電腦製造商聯想集團，也自 2008 年北京奧運後離開贊助的行列。因為該公司將集中更多的賽事贊助於特定的戰略目標市場（Bloom, 2007, p. 3）。有趣的是，台灣的電腦製造商宏碁電腦則在聯想電腦宣布不再續約後，與國際奧會簽署贊助協議。

　　每年賽會的時機與時程是運動經理可有一點點控制的地方。賽事和機會與其他的公司廣告或贊助活動，可能會有所衝突。因而導致很多運動組織無法找到贊助廠商，即使有吸引人的資料及提案也惘然。Sawyer（1998）也發現，儘管有很多不錯的因素與資料說服廠商進行贊助關係，但只要有一個負面因素產生，就會導致贊助商的退出。

🏌 預防贊助商退出的方法

　　Ukman（2003, p. 2）很清楚地提到，「很多贊助計畫的失敗，並不是因為沒有可評量的價值，而是因為其價值沒被評量出來。」給贊助廠商好的服務，可以預防他們的退出；就像先前提到的，Joyce Julius & Associates 主要是資料的供應商，它提供可顯示贊助價值的資料。它對運動比賽在電視報導的分析，根據公司商標及名稱在螢幕上出現的次數，提供評量電視的廣告價值。運動組織也應該要蒐集且提供相關的支持訊息，例如出席率及人口統計資料，對贊助商來說這是重要的資訊，而且多半是早就應該準備好。其他如是在心理層面、購買習慣、態度以及出席者的忠誠度之類的資訊，對贊助商也是非常重要的；對參與比賽活動及觀眾的了解越深，就越能吸引且留住贊助廠商。

摘要

在運動贊助關係中，用來證明參與度的資料，對主辦單位及贊助商來說都很重要。最佳的案例是完成精確且大量的賽後報告，詳細說明贊助關係的價值。最後要注意的是，如果運動行銷專員沒有提供這樣的資訊，給錢的廠商主管可能不會信服，而且到要續約時，他們不會樂於看到其投資結果無法呈現，而很可能會退出。希望在本書提供的引導及建議，能幫助讀者成功發展且執行自己的運動贊助計畫。

 最佳案例

韓國的 LG 電子主要以手機聞名，同時也製造數位產品及平面電視，他們是 2003 年 LG 洛杉磯極限運動錦標賽的冠名贊助商。下面列出了他們從目標到賽後評估活動的各種資訊。這個案子的重點包含了 LG 的整合、活化形象及評量案例。

◆ 2003 LG 極限運動錦標賽

LG 目標

1. 藉由賽前行銷活動與現場活化活動的運動與音樂，增進廠牌知名度及創造 LG 與目標觀眾之間的熟悉度。
2. 建立令人難忘的互動經驗，使目標觀眾投入個人精神；即使比賽結束，LG 與觀眾的關係仍然長久維繫。

賽會資料

出席人數：31,368 人；45% 是 15 至 17 歲的觀眾；73% 的觀眾擁有手機；而其他人則是有高度的購買興趣。

銷售可能性

LG 手機購買可能性：25% 的出席者會在明年購買，預估為 8,000 人。手機的平均價格是 200 美元。有 2,640 人可能考慮會買（要有 50% 的折扣）LG 的產品。所以，市場銷售的可能性為 528,000 美元。

主要行銷元素

賽前的電視曝光率

- 75 次 30 秒廣告，預計影響 1,200 百萬人，估計價值為 303,400 美元。
- 60 分鐘的影片「邁向 LG 錦標賽」預計影響 399,000 人，估計價值為 72,000 美元。

賽前網路曝光率：

- LG 的「Pic Trick」（註：找出破綻的遊戲）在網路進行投票，同時還有抽獎活動。上網點選人數 4,662 人中，有 3,796 人投票，估計價值為 8,400 美元。

現場的活動：

- LG 貴賓室
- VIP 接待
- 音樂表演
- LG 手機女郎
- Pic Trick 獎金
- 冠軍兌獎遊戲
- 運動員見面會
- 產品展示攤位
- 鈴聲命名活動
- LG 手機促銷
- 裝有 LG 產品及商標紀念品的禮物袋

練習題

　　本練習提供了發展各項部分贊助計畫的引導。以下練習是關於管理贊助關係的活動，包含對贊助商的成果報告。完成下列練習題以達成贊助計畫的完整性。

1. 確認負責贊助商服務的人員。

2. 完成賽後成果報告。
　　列出活動日期：＿＿＿＿＿＿＿＿＿＿＿＿＿＿＿＿＿＿＿＿＿＿
　　報告出席情形：＿＿＿＿＿＿＿＿＿＿＿＿＿＿＿＿＿＿＿＿＿＿

3. 計算觀眾人數（開場及中場的數目）。

4. 報告觀眾的人口統計概況。

5. 具體說明媒體報導及計算獲得的商業價值。

6. 記錄所有贊助元素的印象／認知資料。

7. 記錄適合贊助元素的質化資料。

8. 準備要對贊助商呈現的成果報告。

國家圖書館出版品預行編目資料

運動贊助／David k. Stotlar著.
ーー初版.ーー臺北市：五南，2010.03
　　面；　公分
譯自：Developing successful sport
sponsorship plans (3e)
ISBN 978-957-11-5747-4（平裝）
1.運動　2.行政管理　3.行銷
528.91　　　　　　　　　98013535

1FQS

運動贊助

作　　者 — David k. Stotlar, University of Northern
　　　　　　Colorado
譯　　者 — 邱炳坤、李建興、王瓊霞
發 行 人 — 楊榮川
總 編 輯 — 龐君豪
主　　編 — 張毓芬
責任編輯 — 吳靜芳　唐坤慧
封面設計 — 盧盈良
出 版 者 — 五南圖書出版股份有限公司
地　　址：106台北市大安區和平東路二段339號4樓
電　　話：(02)2705-5066　　傳　　真：(02)2706-6100
網　　址：http://www.wunan.com.tw
電子郵件：wunan@wunan.com.tw
劃撥帳號：01068953
戶　　名：五南圖書出版股份有限公司
台中市駐區辦公室／台中市中區中山路6號
電　　話：(04)2223-0891　　傳　　真：(04)2223-3549
高雄市駐區辦公室／高雄市新興區中山一路290號
電　　話：(07)2358-702　　傳　　真：(07)2350-236
法律顧問　元貞聯合法律事務所　張澤平律師
出版日期　2010年3月初版一刷
定　　價　新臺幣250元